SVENSKA UTIFRÅN

SVENSKA UTIFRÅN

Schemagrammatik

Svenska strukturer och vardagsfraser

Gunilla Byrman
Britta Holm

Svenska institutet

Svenska utifrån
Schemagrammatik – svenska strukturer och vardagsfraser
© Svenska institutet 1992
Författare: Gunilla Byrman och Britta Holm
Redaktör: Britta Holm, Svenska institutet
Typografi och layout: Alan Crozier
Tryckeri: MediaPrint, Uddevalla AB
ISBN 91-520-0291-8

Innehållsförteckning

Förord 9

1 Ordföljd 11
1.1 Huvudsatsschema 11
1.2 Samordning av huvudsatser 13
1.3 Bisatser 14
1.4 Bisatsschema 15
1.5 Bisatsinledare, bisatstyp och satsdelsfunktion 16
1.6 Hjälpverbet *ha* i bisats 17

2 Tempussystemen i svenskan 18
2.1 Presenssystemet: perfekt, presens och framtid 18
2.2 Preteritumsystemet: preteritum, pluskvamperfekt och
    skulle + infinitiv 18
2.3 Tempuskongruens 19

3 Verb 21
3.1 Översikt över verbböjning 21
3.2 Några starka och oregelbundna verb 24
3.3 Verbformernas funktion 24
3.3.1   Presens 24
3.3.2   Perfekt 25
3.3.3   Framtid 26
3.3.4   Preteritum 27
3.3.5   Pluskvamperfekt 28
3.3.6   *Skulle* + infinitiv 28
3.3.7   Infinitiv 29
3.3.8   Imperativ 29
3.4 Aspekt 29
3.5 Konjunktiv 30
3.6 Modala hjälpverb 31
3.7 Passiv 32
3.8 Verbets s-former 33

4 Substantiv 35
4.1 Plural 36
4.2 Regler för substantivens pluralböjning 36
4.3 Vokalväxling i plural 37
4.4 Släktskapsord 38
4.5 Obestämda artiklar: *en* och *ett* 38
4.6 Bestämd artikel 39
4.7 Översikt över obestämd och bestämd form av substantiv i singular och plural 40
4.8 Sammanfattning av pluralböjning 41
4.9 Bestämdhet 41
4.10 Användning av obestämd och bestämd form 43

5 Adjektiv 46
5.1 Obestämd form 46
5.2 Bestämd form 47
5.3 Particip – verbens adjektivformer 48
5.4 Böjning av adjektiv och perfekt particip 49
5.5 T-form av perfekt particip och somliga adjektiv 50
5.6 A-form av somliga perfekt particip och adjektiv 51
5.7 Adjektivet *liten* och färgorden 51
5.8 Komparation 52

6 Pronomen 54
6.1 Personliga pronomen 54
6.2 Possessiva pronomen 55
6.3 Reflexiva pronomen 56
6.4 Demonstrativa pronomen 57
6.5 Relativa pronomen 58
6.6 Indefinita pronomen 58
6.7 Reciprokt pronomen 59

7 Adverb 61
7.1 Adverbens bildningssätt 61
7.2 Adverbens böjning 62
7.3 Adverbens betydelse och funktion 62
7.4 Satsadverb 62
7.5 SRT-adverb 63
7.6 Bisatsinledare 63

8 Prepositioner 64
   8.1   Befintlighet 64
   8.2   Riktning 66
   8.3   Tid 67
   8.4   Prepositionen *av* 68

9 Partiklar 69

10 Konjunktioner 71
   10.1 Samordnande konjunktioner 71
   10.2 Underordnande konjunktioner 72

11 Räkneord 74
   11.1 Grundtal 74
   11.2 Århundrade, årtal, år, månad och dag 75
   11.3 Ordningstal 76

12 Diverse 78
   12.1 Presenteringskonstruktion 78
   12.2 Emfatisk omskrivning (Utbrytning) 79
   12.3 Verbens valens 80
   12.4 Användning av *tycka, tänka, tro* 81
   12.5 Användning av *veta, kunna, känna* 82
   12.6 Användning av *vara* och *bli* 83
   12.7 Jämförelse: likhet och olikhet 83
   12.8 Att besvara ja/nej-frågor (eko-svar) 85
   12.9 Sambandsord 85

13 Vardagsfraser 88
        Om du inte förstår 88
        Om du inte hör 88
        Om du är osäker på om andra förstår dig 88
        Hälsningsfraser 88
        Presentera dig 88
        Ge en komplimang 88
        Svara på komplimang 88
        Be någon upprepa något 89
        Visa att du är överraskad 89
        Be någon hälsa till någon annan 89
        Gratulera någon 89
        Värdera positivt 89

Säga vad du föredrar 89
Säga vad du tycker om 89
Säga att du inte tycker om något 89
Föreslå något 89
Svara positivt på förslag 90
Svara negativt på förslag 90
Övertala någon 90
Uttrycka önskemål 90
Be någon att beskriva något 90
Beskriva en sak 90
Be om hjälp i affär 90
Säga vad du vill köpa 90
Be om information 91
Fråga för att vara säker 91
Säga vad du tycker 91
Säga vad du vill köpa 91
Avsluta samtal 91
Be någon om att beskriva en person 91
Beskriva en person 91
Jämföra personer 91
Beklaga någon 91
Visa att du inte är säker 91
Säga att du tycker om någon 92
Lova något 92
Uttrycka överraskning 92
Fråga för att vara säker 92
Varna någon 92
Säga att du har glömt något 92
Säga hur du har fått reda på något 92
Avbryta någon som talar 92
Ursäkta dig 93
Be om förklaring av ord 93
Uttrycka besvikelse 93
Uttrycka irritation 93
Be om råd 93
Ge råd 93
Hota någon 93
Instruera någon 93
Komma med tillägg 93
Skifta samtalsämne 94
Säga vad du menar 94
Säga att du inte kan eller vill ta ställning 94

Uttrycka oro 94
Bjuda någon 94
Tveka... 94
Övertala någon 94
Anklaga någon för något... 94
Uttrycka likgiltighet.. 94
Förbjuda något 95
Uttrycka goda önskningar 95
Säga tack 95
Börja brev... 95
Avsluta ett brev 95
På restaurang... 95
På buss.. 96
På järnvägsstation 96
På tåg.. 96
Telefondialoger 96
Fråga efter någon 96
Be att få hälsa på 96
Be någon hälsa på 97
Be någon följa med 97

Litteratur... 99

Förord

Schemagrammatik – svenska strukturer och vardagsfraser ansluter till utbildningspaketet *Svenska utifrån*. Även om vissa exempel i grammatikhäftet har hämtats från läroboken är dock avsikten att det ska kunna användas som en fristående handbok.

Från början var tanken att samla de grammatiska scheman och kommentarer som finns i läroboken till en elementär grammatik för nybörjare, men under arbetets gång har vi alltmer kommit att inse vikten av att utvidga materialet till en fylligare och mer resonerande framställning. Fortfarande riktar sig boken – speciellt de grundläggande schematiska översikterna – främst till nybörjare. De resonerande avsnitten har som målgrupp elever som passerat det första nybörjarstadiet. Vi förutsätter att läsarna är förtrogna med basal grammatisk terminologi.

Vi har försökt utnyttja erfarenheterna av de senaste decenniernas forskning inom ämnet svenska som främmande språk och svenska som andraspråk. Dessutom innehåller ett av avsnitten fraser och uttryck som är användbara och viktiga i vardagskommunikation på svenska.

Det är vår förhoppning att schemagrammatiken ska erbjuda en lättfattlig introduktion till hur svenska språket är uppbyggt.

Lund och Stockholm i juli 1992

Gunilla Byrman   Britta Holm

1 Ordföljd

I svenskan är ordföljden viktig för att markera olika satsers funktion. Ordens plats i satsen visar om det är ett *påstående* eller en *fråga*, och om det är en *huvudsats* eller en *bisats*. Skillnaderna ser vi lätt i ett satsschema, där satsdelarna placeras i olika fält.

1.1 Huvudsatsschema

1	2	3	4	5	5a	6	7
Funda-ment	*verb1*	*subjekt*	*satsad-verbial*	*verb2*	*par-tikel*	*komple-ment*	*adverbial*
Jag	har	–	alltid	bott	–	–	i Lund.
–	Ska	hon	–	åka	–	–	till USA?
Nio	går	han	–	–	–	–	hemifrån.
När	äter	du	–	–	–	frukost?	
Idag	ska	jag	inte	göra	–	frukost	eftersom det inte är min tur.
Han	tycker	–	inte		om	kaffe.	
Det	står	–	–	–	–	en soldat	framför slottet.
–	Stanna	–	inte!				

Här följer en presentation av huvudsatsschemats platser och innehåll.

1. Fundamentet är den satsdel som kommer före det finita verbet. På fundamentets plats finns subjektet eller någon annan satsdel (till exempel objekt eller adverbial).

2. Det finita verbet, dvs det verb som har markering för tempus eller modus, kommer alltid på andra plats i satsschemat **(verb1)**. **Presens** (stannar), **preteritum** (stannade) eller **imperativ** (stanna!) är finita verbformer.

3. Subjektet hittar vi intill det finita verbet antingen före (*Patrik* vaknade klockan åtta) eller efter (Klockan åtta vaknade *Patrik*).

4. Satsadverbialet kan ändra satsens betydelse. Det vanligaste satsadverbialet i svenskan är *inte*, som negerar hela satsen. Andra satsadverbial är *kanske, bara, faktiskt, egentligen, naturligtvis, säkert, sällan, alltid.* Det kan finnas ett eller flera satsadverbial i en sats: Han äter *ju tyvärr inte* frukt.

5. Fullständiga satser har alltid ett, ibland flera, verb. Satsens infinita verb, dvs **infinitiv** (att stanna) eller **supinum** (stannat) står under rubriken **verb2**. Det sista verbet i en sats är alltid **huvudverb**. Verb som kommer före är **hjälpverb**. Ex: Det *börjar* (hjälpverb) *regna* (huvudverb).

5a. På denna plats finner vi också eventuella **verbpartiklar**. Ex: Han tycker inte *om* kaffe. Kom *in*! Bo tog *fram* fiolen. Verbpartiklar är alltid betonade i satsen.

6. Komplement är en samlingsrubrik på följande satsdelar: **objekt** (Han tycker inte om *mjölk*), **predikatsfyllnad** (Han heter *Patrik*) och **egentligt subjekt**. Den sista satsdelen används i en **presenteringskonstruktion**. Satsen: *En soldat står framför slottet* är grammatiskt korrekt, men känns inte helt naturlig för en infödd svensk. Vi säger hellre *Det står en soldat framför slottet,* om vi har något nytt att presentera. Ordet *det* (formellt subjekt) kommer på fundamentets plats och det nya, *en soldat* (egentligt subjekt), kommer på komplementets plats. Konstruktionstypen har sin grund i att svenskan undviker ny information i början av en sats. Detta kallas för **högertyngd**.

7. I sista fältet finns **adverbial**, som besvarar frågan *hur, var, när* eller *varför* något sker. Om adverbial kommer sist i satsen och det finns flera adverbial, så brukar de komma i ordningen sätts-, rums- och tidsadverbial. Ordningen är alltså SRT i svenskan. Ex: Han sjunger *vackert* (sätt) *i badrummet* (rum) *om morgonen* (tid).

I svenskan finns det **subjektstvång**, dvs vi måste sätta ut subjekt för att satsens struktur ska bli klar. Ibland finns det inget logiskt subjekt, då sätter vi ut *det* för att subjektsplatsen ska bli fylld. Detta kallas också **platshållartvång**. Ex: *Det* regnar. *Det* blåser.

Påståenden och frågor måste ha ett subjekt och ett finit verb för att vara fullständiga satser. Ex: *Jag* stannar. Stannar *Per*? I ja/nej-frågor är första platsen alltid tom. Jämför: *Ska hon åka till USA?* i satsschemat. Frågeordsfrågor har också omvänd ordföljd, men har frågeordet i fundamentet: *När äter du frukost?* Det är bara imperativer som fungerar utan subjekt. Ex: *Stanna här!*

I huvudsats kan vi både ha **rak ordföljd**, dvs subjekt följt av finit verb (Margit röker.) och **omvänd ordföljd**, dvs finit verb följt av subjekt (Röker Margit? Tyvärr röker Margit.).

1.2 Samordning av huvudsatser

Ibland vill vi kombinera två huvudsatser. Detta kan vi göra med hjälp av konjunktioner, t ex *och*. Vi upprepar inte subjektet efter *och*. Om vi använder *och* för samordning och har en annan satsdel än subjektet i fundamentet i den efterföljande satsen, så måste vi upprepa subjektet.

1	2	3	+	1	2	3	
F	V1	S		F	V1	S	
Hon	duschar	–	och	–	ringer	–	till en väninna.
Hon	duschar	–	och	sedan	ringer	hon	till en väninna.
Sedan	duschar	hon	och	–	ringer	–	till en väninna.
Nio	börjar	hon	och	fem	slutar	hon.	

Andra samordnande konjunktioner är *men, fast, utan, för, så*:

sats 1	konjunktion	sats 2
Per cyklade	*men*	Margit körde bil.
Per är arg angry	*fast* although	han ler. smile
Fia skrattar	*för*	hon var glad.
Flickan var glad	*så*	hon skrattade högt.

1.3 Bisatser

Bisatser fungerar för det mesta som satsdelar i huvudsatser. Precis som huvudsatser måste bisatser ha subjekt och finit verb för att vara fullständiga satser. I ett satsschema kan bisatser stå i fundamentet (1), på subjektsplats (2), på komplementets plats (3) eller på adverbialets plats (4).

1 *Funda-* *ment*	2 *verb1*	3 *subjekt*	4 *satsad-* *verbial*	5 *verb2*	5a *par-* *tikel*	6 *komple-* *ment*	7 *adverbia*
När *han får* *mat*	blir	han	alltid	–	–	glad.	
–	Kommer	kvinnan som du menar	–	–	–	–	hit?
Han	undrar	–	–	–	–	vem hon tycker om.	
Frågan	är	–	–	–	–	om han kommer.	
De	satt	–	–	kvar	–	då Fia kom in i huset.	

Som vi ser av schemat kan bisatser ha olika satsdelsfunktioner. Det kan vara subjekt, objekt, attribut, predikatsfyllnad och adverbial.
Ordföljden i bisatser skiljer sig från den i huvudsatser. Bisatser har inget fundament utan i stället en **bisatsinledare**. Ofta kan vi identifiera bisatsen just för att den har en bisatsinledare. Därefter följer subjektet och eventuella satsadverbial. Finita och infinita verb står bredvid varandra i bisats. Sedan följer komplement och adverbial i samma ordning som i huvudsats.

1.4 Bisatsschema

1	2	3	4	5	5a	6	7
Bisatsinledare	*subjekt*	*satsadverbial*	*verb1*	*verb2*	*partikel*	*komplement*	*adverbial*
när	han	–	hälsar	–		på	sina vänner.
eftersom	det	inte	är	–	–	min tur.	
vart	du	–	ska	åka.			
om	vintern	inte	blir	–	–	mild	i år.
som	du	–	menar.				

Det finns viktiga skillnader mellan ordföljden i bisats och ordföljden i huvudsats. I regel har svenskan alltid rak ordföljd i bisats, dvs subjektet kommer **före** det finita verbet. Huvudsatser kan ha både rak och omvänd ordföljd.

En annan viktig skillnad mellan huvudsats och bisats är placeringen av satsadverbialet. I huvudsats står det **efter** det finita verbet (Ex: Eva kommer *inte* idag) och i bisats står det **före** (Om du *inte* kommer, så kan du ringa).

1.5 Bisatsinledare, bisatstyp och satsdelsfunktion

Frågebisatser kan fungera som:

objekt:	Han frågar *om hon inte har tid i kväll*.
subjekt:	*Om han kommer* är osäkert.
predikatsfyllnad:	Frågan är *om han kommer*.
attribut:	Frågan *om han kommer* är fortfarande obesvarad.

Bisatsen inleds här av frågesubjunktionen *om*, men kan också inledas av frågeadverb: Han undrar *var* de bor. Frågebisatserna kommer efter verb som uttrycker tvivel eller ovisshet, och kan återföras på en direkt fråga: *Var bor du?*

Relativa bisatser fungerar som attribut till ett substantiv i huvudsatsen. Bisatsen inleds med relativa pronomen: Jag vill träffa en man *som* är rik, eller relativa adverb: Huset *där* jag bor ligger i skogen. Det relativa pronomenet kan utelämnas om det inte står som subjekt i satsen: Mannen (*som*) du menar kommer tillbaka.

Att-satser kan fungera som:

objekt:	Jag tror *att du fryser*.
subjekt:	*Att han kommer* förvånade mig.
predikatsfyllnad:	Faktum är *att han blev lärare*.
attribut:	Nyheten *att han kommit* har nått oss.

Dessa bisatser inleds av *att* som kan utelämnas efter sägeverb, men som aldrig kan ersättas av en annan subjunktion. Ex: Jag tror (*att*) du fryser.

Konjunktionsbisatser fungerar som adverbial. De vanligaste bisatsinledarna till adverbialsbisatser är underordnande konjunktioner, se s 72.

1.6 Hjälpverbet *ha* i bisats

En annan skillnad mellan huvudsats och bisats är att hjälpverbet *ha* *(har, hade)* kan utelämnas i bisats men aldrig i huvudsats. Hjälpverbet *ha* bildar tillsammans med supinum av huvudverbet perfekt och pluskvamperfekt. Ex: När han (*hade*) kommit hit, fick han kaffe. Detta innebär att verb1-platsen kan vara tom i bisats.

Bisatsschema

inledare	*subjekt*	*verb1*	*verb2*	*partikel*	*komplement*	*adverbial*
när	han	–	kommit	–	–	hit.
trots att	han	–	stannat.			

Det är vanligare att utelämna *ha* i skriftspråk än i talspråk.

2 Tempussystemen i svenskan

Svenskan har bara markering för två tempus: **presens** och **preteritum**. Med hjälp av dem kan vi uttrycka sex olika tidsrelationer fördelade på ett presenssystem och ett preteritumsystem.

2.1 Presenssystemet: perfekt, presens och framtid *futura*

Tempus i presenssystemet (verbets **r**-form) har relation till NU.

Idag köper jag en blus.	(NU)
Han har skrivit.	(före NU)
Hon läser boken i morgon.	(efter NU)

Före NU	NU	efter NU
jag **har** stannat	jag stanna**r**	jag stanna**r** i morgon
		jag tän**ker** stanna
		jag **kommer att** stanna
		jag **ska** stanna

Jag und**r**a**r** om hon tvätta**r** sig. (samma tid = NU)
nu   nu

Jag und**r**a**r** om hon ha**r** tvättat sig. (före NU)
nu   före

Jag und**r**a**r** om hon komme**r** att tvätta sig. (efter NU)
nu   efter

wonder (annotation above "undrar")

2.2 Preteritumsystemet: preteritum, pluskvamperfekt och *skulle* + infinitiv

Past (annotation above "preteritum") *pluperfect* (annotation above "pluskvamperfekt")

Tempus i preteritumsystemet (verbets **de**-form) har relation till DÅ.

Igår köpte jag en blus. (DÅ)
Han hade skrivit hela kvällen. (före DÅ)
Hon skulle läsa en bok. (efter DÅ)

Före DÅ	DÅ	efter DÅ
jag **hade** stannat	jag stanna**de**	jag **skulle** stanna

I måndags undra**de** jag om hon tvätta**de** sig. (samma tid = DÅ)
då då

I måndags undra**de** jag om hon **hade** tvättat sig. (före DÅ)
då före

I måndags undra**de** jag om hon **skulle** tvätta sig. (efter DÅ)
då efter

2.3 Tempuskongruens

Tempuskongruens betyder att vi inte gärna hoppar från det ena tempussystemet till det andra. Om vi har en huvudsats med en verbform från det ena systemet, så använder vi helst samma system i en eventuell bisats.

Samma tempus i båda satserna betyder att två saker händer samtidigt eller direkt efter varandra.

När jag kommer hem, byter jag kläder.
(presens i båda satserna)
Jag fotograferade Birgit, när hon simmade.
(preteritum i båda satserna)

Om huvudsatsen har presens och bisatsen har perfekt, eller om huvudsatsen har preteritum och bisatsen pluskvamperfekt, betyder det, att den ena handlingen är slut, när den andra börjar.

Jag borstar tänderna, när jag har ätit.
(Först äter jag. Sedan borstar jag tänderna.)
Jag borstade tänderna, när jag hade ätit.
(Först åt jag. Sedan borstade jag tänderna.)

Märk att huvudsatsen och bisatsen oftast har samma tid, dvs nutid eller dåtid.

>Hon säger att hon mår bra. (nutid)
>   Hon sade att hon mådde bra. (dåtid)
>Han säger att han har varit i Paris. (nu)
>   Han sade att han hade varit i Paris. (då)

Här följer exempel på tempuskongruens i huvudsats och bisats

>Vi har bestämt att vi ska köpa en billig bil.
>Vi tänker fortsätta söderut, tills pengarna tar slut.
>Janne tyckte inte att det var någon idé.
>När vi skulle åka hem började det regna.

Emellertid är det också möjligt att hoppa från det ena systemet till det andra. Detta gör vi med hjälp av ett tidsadverbial som signalerar bytet.

>Margit säger att hon studerade *förra terminen*.
>   nu

>Det var bättre *förr,* säger de gamla.
>   då

3 Verb

För att kunna röra sig på de två tempussystemen behöver vi kunna fem olika verbformer. Nedan följer en översikt över dessa verbformer samt imperativ (uppmaningsform).

presens	Jag tal**ar** nu. Jag läs**er** nu.
preteritum	Hon tala**de** då. Jag läs**te** då.
perfekt	Hon **har** talat. Jag **har** läst.
pluskvamperfekt	Hon **hade** talat. Jag **hade** läst.
infinitiv	Hon måste tala. Jag kan läsa.
imperativ	Tala! Läs!

Perfekt particip och presens particip har för det mesta en adjektivisk funktion och diskuteras därför under rubriken **Adjektiv**.

3.1 Översikt över verbböjning

Svenskan har fyra konjugationer. I fjärde konjugationen ingår starka och oregelbundna verb.

imperativ (stammen)

I	baka
IIa	stäng
	kör
IIb	läs
III	sy
IV	spring
	gå
	gör

presens (stammen +r)

I baka+**r**

IIa stäng+**er**
kör

IIb läs+**er**

III sy+**r**

IV spring+**er**
gå+**r**
gör

Några verb slutar på **r** i imperativ: *kör, gör, hör* etc. De får inte **er** i presens. Deras presensform är den samma som imperativformen.

preteritum (svaga verb: stammen +**de**; starka verb får annan stamvokal, ingen preteritumändelse)

I baka+**de**

IIa stäng+**de**
kör+**de**

IIb läs+**te** (d > t efter tonlös konsonant)

III sy+**dde** (fördubbling av d)

IV sprang (förändring av stamvokalen)
gick (oregelbundna verb saknar ofta ändelse)
gjorde

perfekt och **pluskvamperfekt** (har/hade **supinum** – svaga verb: stammen **+t**; starka verb: stammen med annan vokal **+it**)

I   har/hade baka**+t**

IIa   har stäng**+t**
        hade kör**+t**

IIb   har/hade läs**+t**

III   har/hade sy**+tt**

IV   har/hade sprung**+it**
        har/hade gå**+tt**
        har/hade gjor**+t**

infinitiv (**+a**)

I   baka (=stammen)

IIa   stäng**+a**
        kör**+a**

IIb   läs**+a**

III   sy (=stammen)

IV   spring**+a**
        gå
        gör**+a**

3.2 Några starka och oregelbundna verb

infinitiv	presens	preteritum	supinum	
ge	ger	gav	givit (gett)	starkt
komma	kommer	kom	kommit	starkt
sitta	sitter	satt	suttit	starkt
stiga	stiger	steg	stigit	starkt
äta	äter	åt	ätit	starkt
gå	går	gick	gått	oregelbundet
göra	gör	gjorde	gjort	oregelbundet
kunna	kan	kunde	kunnat	oregelbundet
ligga	ligger	låg	legat	oregelbundet
–	måste	måste	(måst)	oregelbundet
se	ser	såg	sett	oregelbundet
sätta	sätter	satte	satt	oregelbundet
vara	är	var	varit	oregelbundet

3.3 Verbformernas funktion

3.3.1 Presens

Presens kan referera till:

allmänna fakta och egenskaper:

> Jupiter är solsystemets största planet.
> Han talar flytande finska.

det som händer just nu:

> Margit bakar nu.
> Solen skiner.

det som händer regelbundet:

> Hon bakar varje dag.
> Det är fullmåne en gång i månaden.

det som kommer att hända i framtiden:

> Pia ger sig i väg nästa år.
> I morgon kommer Sara tillbaka.

Presens kan också referera till något som redan har hänt, **historiskt** eller **dramatiskt presens**, och används då för att ge mer liv åt berättelsen: Jag *satt* i lugn och ro och *läste* en bok. Plötsligt *hör* jag ett brak på gården och in *rusar* Ylva.

3.3.2 Perfekt

Perfekt refererar till något som *hänt eller börjat hända före nu eller före en annan presenshändelse*. Det kan användas tillsammans med tidpunktsadverbial och refererar då till tid som inkluderar nu och en tid som inte är avslutad:

> Idag har Lars läst tio sidor i boken.

Durationsadverbial kan kombineras med perfekt:

> Jadwiga och jag har studerat svenska två terminer.

Perfekt används även utan tidspecisering:

> Elna har läst Krig och fred.

I exemplet ovan är tiden inte viktig. Vi vill bara veta om Elna läst Krig och fred eller ej. När hon gjorde det är inte intressant.

> Jag har varit på bio nyligen.
> Hon har precis kommit.

Här handlar det om saker som någon nyligen gjort.
  Perfekt visar inte alla gånger om handlingen är avslutad eller ej:

> Det har regnat mycket idag.

Om regnandet fortfarande pågår kan vi inte utläsa av verbformen; det beror på kontexten.

Perfekt kan syfta på *framtid*. Det betecknar då en händelse som ligger före en annan framtidshändelse eller före en bestämd tidpunkt i framtiden.

> Åsa har läst i sin bok idag. Tror du hon har läst ut den i morgon?

När vi använder perfekt är vi intresserade av resultatet, inte av tiden när det hände. Tiden nämns inte. Perfekt är ett presenstempus så till vida att resultatet finns, syns, märks nu.

> Rolf har köpt mat. (Vi ser att han har en kasse med mat i handen.)
> Han har tvättat håret. (Vi ser resultatet: håret är blött eller rent.)
> Gudrun har städat. (Resultat: lägenheten är ren och fin.)

3.3.3 Framtid

Svenska verb har ingen speciell form för att uttrycka framtid (futurum). Här följer exempel på hur vi uttrycker framtid.

med *presens*	Vad gör du i morgon? (Presens + tidsmarkör för framtid.) Kommer du med? (t ex i morgon. Tiden kan vara underförstådd.)
med *kommer att*	Svenskarna kommer att tycka om detta. (Det är Alis prognos.) Det kommer nog att regna i morgon. (Vi bestämmer inte över regnet.)
med *tänker*	Han tänker öppna restaurang. (Han planerar ...) Vad tänker du göra ikväll? (Vad är dina planer?)
med *ska*	De ska hjälpa till. (Det är bestämt.) Vad ska du göra i morgon? (Har du planerat något?) Ska vi sluta nu? (*Ska* använder vi ofta vid frågor.)

Ska är en presensform liksom *tänker* och *kommer att*. *Ska* används också till annat än framtid, exempelvis i uppmaningar och satser som uttrycker nödvändighet eller tvång:

    Pojkar ska inte gråta!
    Du ska inte vara rädd.
    Jag ska sluta röka.

Många som lär sig svenska använder *ska* för mycket. *Ska* betyder ofta 'måste'. Var därför försiktig med *ska* som framtidsmarkör och använd hellre **presensformen** eller **kommer att**. *Ska* används också för att återge något som någon annan har sagt.

    Det ska bli regn. (Det sade meteorologen.)

Efter vilje- och känslouttryck använder vi *ska*.

    Sara vill att tentan ska gå bra.
    Åsa önskar att det ska bli fint väder.

I villkorsbisatser och tidsbisatser används presens för att uttrycka framtid.

    Så snart boken är utläst, börjar vi på en ny.
    Om du kommer i morgon, får du tårta.

3.3.4 Preteritum

Preteritum refererar till *dåtid* och kan kombineras med tidsadverbial för förfluten tid. Det uttrycker fullbordad handling.

    I går steg jag upp sent.

Preteritum refererar ofta till en bestämd tidpunkt i dåtid, utan att tidpunkten är uttryckt med ett tidsadverbial. Det framgår av kontexten vilken tid som avses.

    Jag *har varit* på universitetet. (ingen speciell tid, alltså perfekt)
    Där *mötte* jag Gunlög.
    Hon *gav* mig några stenciler. (då jag var på universitetet, alltså
       preteritum.)

När-frågor har, om det frågas efter förfluten tid, alltid preteritum.

> När *gick* du till arbetet?
> När *var* Stockholms blodbad?

Vid spontana utsagor av känslomässig karaktär används preteritum fast det är nutid som avses.

> Vad maten *var* god! (Kan sägas redan efter första tuggan.)
> Den blusen *var* snygg.
> Är du sjuk? Det *var* synd.
> Vad *hette* du nu igen?

3.3.5 Pluskvamperfekt

Pluskvamperfekt använder man ofta för att berätta vad man hade gjort före en viss tidpunkt i förfluten tid eller före en annan preteritumform.

> Häromdagen mötte jag Rutger. Han *hade* precis *köpt* en ny bil.
> Igår träffade jag Astrid. Hon *hade sett* en jättebra film, sade hon.
> Förra veckan pratade jag med Siri. Hon *hade* just *kommit* hem från Grekland.

3.3.6 *Skulle* + infinitiv

Skulle + infinitiv använder vi om en händelse som ligger efter en annan preteritumhändelse (det förflutnas framtid).

> För en månad sedan beslutade Karl att han *skulle börja* banta.
> Lisa sov hela natten för att hon *skulle vara* utvilad nästa dag.

Skulle + infinitiv kan användas utan tidsbetydelse när vi vill uttrycka något orealistiskt, t ex i villkorssats.

> Om Britta inte haft så mycket att göra, *skulle* hon *ha skrivit* detta grammatikhäfte.
> Börje *skulle ha gått* dit, om han hade haft tid.

3.3.7 Infinitiv

Infinitiven använder vi efter hjälpverb, dock inte har/hade, efter verb med samma funktion som hjälpverb och efter infinitivmärket *att*.

> Pelle måste *komma* till mötet.
> Rune försöker *smita* från arbetet.
> Lisbet lovar *att komma*.
> Nils glömde bort *att ringa* mig.

Infinitiven kan fungera som subjekt i en sats. I sådana funktioner behandlas infinitiver som t-ord.

> *Att simma* är roligt.
> Roligt *att fiska*, va?

3.3.8 Imperativ

Imperativ är verbets stamform: *Baka*! *Kör*! *Sy*! *Spring*! Formerna används till uppmaningar och instruktioner. Om vi ber om något används hellre ja/nej-frågor. Dessa frågor kan, liksom vissa påståenden, vara förtäckta uppmaningar:

> Vill du sluta nu? (Sluta!)
> Kan du komma? (Kom!)
> Det är väldigt varmt här inne. (Öppna fönstret!)

3.4 Aspekt

I svenskan finns ingen speciell verbform för att uttrycka om en verbhandling pågår eller är avslutad. Det är kontexten och verbets betydelse som bestämmer tolkningen. Aspekt berör den synvinkel som vi ser verbskeendet ur. Aspekten påverkas också av verbets tempus och aktionsart, dvs om verbet uttrycker handlingar och händelser eller tillstånd. Utifrån detta kan vi tala om olika aspekter i svenskan.

Perfektiv aspekt finns t ex då verbskeendet ses som avslutat och verbet står i perfekt utan tidsadverbial.

Lena har köpt en cykel.

Imperfektiv aspekt finns då verbskeendet ses som oavslutat.

Anna går i skogen. (och är där än)

Iterativ aspekt föreligger då verbskeendet upprepas: *droppa, hugga, slå*. Tidsadverbial som betecknar utsträckning avgör tolkningen i följande exempel:

Pelle har rökt i tjugo år.

Progressiv aspekt uttrycker pågående handling. Någon gör något just nu. Den kan uttryckas genom *hålla på att*:

Albert håller på att laga sin motorcykel.

Eller *håller på och*:

Yvonne håller på och skalar potatis.

Progressiv aspekt kan också uttryckas genom att vi samordnar två verb med *och*. Denna konstruktion kan således bara användas om handlingar som är utsträckta i tiden:

Axel sitter och pluggar.
Irene ligger och läser.
De står och pratar.
Vi var ute och gick.

3.5 Konjunktiv

Konjunktiv uttrycker hypotetiska förhållanden av olika slag, exempelvis önskningar eller villkor.

Presens konjunktiv (bildas genom tillägg av **e**) förekommer bara i stelnade fraser som uttrycker önskan:

Gud välsigne dig!
Hon leve!

Preteritum konjunktiv kan användas i villkorsbisatser, i det s k hypotetiska fallet:

> Om jag *vore* rik (men det är jag inte), skulle jag gärna låna dig pengar (men det kan jag alltså inte).

Det är bara *vore* som är levande. I stället för konjunktiv används preteritum (indikativ) eller pluskvamperfekt och i huvudsatser *skulle* (+*ha*) + infinitiv.

> Om jag *hade* (preteritum indikativ) pengar, skulle jag köpa en dator.
> Om jag *hade haft* (pluskvamperfekt) pengar, skulle jag köpa en dator.
> Om pappan inte hade slagit mamman, *skulle* hon inte *ha begärt* (*skulle* + infinitiv) skilsmässa.

3.6 Modala hjälpverb

Modala hjälpverb kan uttrycka:

tvång, nödvändighet: *måste, får, behöver*

> De måste tvätta kläderna.
> Hon får gärna sjunga.
> Han behöver klippa sig.

önskan: *ville, måtte*

> Måtte det bli vackert väder i morgon!
> Inger vill ha en glass till.
> Vi vill naturligtvis komma.

osäkerhet: *verkar, lär*

> Bo lär inte komma idag. (kommer nog inte)
> Det här verkar gå enligt planerna.

möjlighet, förmåga: *kunna, förmå*

    Astrid kan spela piano.
    Han förmår inte fullborda arbetet.

avsikt, löfte: *ska, lovar, får*

    Ylva lovar att hjälpa till.
    Jag ska gå nu. (Det är min avsikt.)
    Allan ska hjälpa dig. (Han har lovat det.)

plikt, lämplighet: *bör, ska*

    Jag borde börja banta. (Det vore lämpligt.)
    Du ska älska dina medmänniskor. (Det är din plikt.)

Efter modala hjälpverb har vi normalt inte *att* före infinitiv. Efter några verb, speciellt verb med partikel, har vi *att* före infinitiv. Man måste lära regeln för varje enskilt verb.

    Jag måste skriva till Filip. Jag tycker om *att* skriva.
    Jag vill inte gå på festen. Han glömmer ofta bort *att* ringa hem.
    De får inte komma hit. Jag lovar *att* komma.
    Hon kan tala fem språk. Hon älskar *att* tala franska.

3.7 Passiv

I en sats där verbet har **aktiv** form är subjektet den eller det som orsakar eller sätter igång verbskeendet:

    Chauffören hämtade direktören vid stationen.

I en sats där verbet har **passiv** form är det subjektet som är den eller det som utsätts för eller påverkas av verbhandlingen. Passiv uttrycks för det mesta med **s**-form:

    Direktören hämtas alltid vid stationen av sin chaufför.

Passiv kan ibland också uttryckas med *bli* + perfekt particip av huvudverbet:

Direktören vill bara bli hämtad av sin chaufför.

Passiv används ofta när det är ointressant eller okänt vem som utför handlingen:

> Dörrarna stängs!
> Rom byggdes inte på en dag.
> Olof Palme mördades på öppen gata.

3.8 Verbets s-former

S-passiv ser ut på följande sätt i de olika konjugationerna:

	presens	preteritum	supinum
I	bakas	bakades	bakats
IIa	stängs	stängdes	stängts
	körs	kördes	körts
IIb	läses	lästes	lästs
III	sys	syddes	sytts
	görs	gjordes	gjorts

En s-form på ett verb kan ha en av följande betydelser i svenskan:

1. **passiv** betydelse:

   Rökning har *förbjudits*.   (Jämför: Man har förbjudit rökning.)

2. **reciprok** (ömsesidig) betydelse:

   Flickan och pojken *kysstes*.   (Jämför: De kysste varandra.)

3. verbets enda form har passiv form, men aktiv betydelse, s k **deponensverb**:

   Jag har svårt att *andas*.

4. **aktiv** betydelse. Ett fåtal verb som uttrycker aggressiv handling har ibland s-form när de saknar direkt objekt. Subjektet i sådana fall är samma som vid motsvarande s-lösa form:

Tomas *retas* med Ylva. (Jämför: Tomas *retar* Ylva.)
Hunden *bits*. (Jämför: Hunden *biter* dig.)

4 Substantiv

Substantiv betecknar föremål, företeelser, konkreta och abstrakta fenomen. Substantiven är antingen **n-ord** (utrum) eller **t-ord** (neutrum). De böjs i numerus: **ental** (singular) eller **flertal** (plural), i **obestämd** eller **bestämd** form (species) och i kasus, där **grundform** är omarkerad och **genitiv** markeras med s.

Genus (n-ord och t-ord) är en egenskap som varje substantiv har och som påverkar böjningen av substantiv och adjektiv.

Här följer exempel på n-ords och t-ords böjning i genus, numerus och species.

	n-ord (en)	t-ord (ett)
	singular	
obestämd	en krona	ett ägg
	en köttbulle	ett äpple
bestämd	kronan	ägget
	köttbullen	äpplet
	plural	
obestämd	kronor	ägg
	köttbullar	äpplen
bestämd	kronorna	äggen
	köttbullarna	äpplena
	genitiv	
obestämd sg	en kronas värde	ett äpples smak
bestämd sg	kronans värde	äpplets smak
obestämd pl	kronors värden	äpplens smak
bestämd pl	kronornas värden	äpplenas smak

Ord som slutar på **s**, **x** eller **z** får inget extra **s** men har för det mesta apostrof i skrift: Texas' befolkning, Schweiz' huvudstad, Max' syster. I svenskan ersätter vi ibland genitivkonstruktioner med prepositionskonstruktioner: värdet *av* kronan, huvudstaden *i* Schweiz, taket *på* huset, författaren *till* boken. Av exemplen framgår att svenskan här har olika prepositioner (inte bara *av*).

4.1 Plural

I svenskan markerar vi flertal hos substantiv med fem olika pluraländelser:

1. **+ or**   en krona   två kron**or**

2. **+ ar**   en köttbulle   två köttbull**ar**

3. **+ er**   en apelsin   två apelsin**er**
   + r   en sko   två sko**r**

4. **+ n**   ett äpple   två äpple**n**

5. **ingen**   ett päron   två päron
   en lärare   två lärare

Som pluraländelse kan n-ord ha **or, ar, er** eller **ingen** ändelse och t-ord kan ha **er, n** eller **ingen**. De flesta n-ord böjs som grupp 2 (**ar**) och de flesta t-ord böjs som grupp 5, dvs har **ingen** ändelse alls.

Här följer några regler för substantivens pluralböjning.

4.2 Regler för substantivens pluralböjning

Exempel   *Regel*

en krona   två kron**or**   ① n-ord som slutar på **a** får **or**, **a** faller bort.

en bulle   två bull**ar**   ② n-ord som slutar på **e** eller **ing** får
en avdelning   två avdelning**ar**   **ar, e** faller bort.

en apelsin   två apelsin**er**   ③ n-ord som slutar på **het** eller som
en hemlighet   två hemlighet**er**   är flerstaviga med betoning på sista stavelsen får **er**.

en lärare	två lärare	⑤	n-ord som slutar på **are** eller **ande** får ingen ändelse.
en studerande	två studerande		
ett problem	två problem	⑤	t-ord som slutar på konsonant får ingen ändelse.
ett äpple	två äpplen	④	t-ord som slutar på obetonad vokal får **n**.
ett bageri	två bagerier	③	t-ord som slutar på betonad vokal får **er**.

Emellertid måste man komma ihåg att många substantiv inte följer några regler. Exempelvis kan det vara svårt att välja riktig pluraländelse till n-ord som slutar på konsonant. Dessa ord får antingen **ar** eller **er** som pluraländelse.

singular *plural*

en hund hund**ar**
en dag dag**ar**
en gång gång**er**
en sak sak**er**

Pluraländelserna till dessa ord måste läras in som lexikonkunskap.

4.3 Vokalväxling i plural

Några få men vanliga substantiv växlar stamvokal vid plural. För det mesta har dessa substantiv pluraländelsen **er**.

singular *plural*

ett land länder
en strand stränder
en rand ränder   stripe
en tand tänder
en hand händer
en stad städer
en natt nätter

en bok   böcker
en fot   fötter

Lägg märke till att i de två sista substantiven fördubblas konsonanterna i plural.

4.4 Släktskapsord

De flitigt använda släktskapsorden har också oregelbunden böjning enligt följande:

en bror (broder)	två bröder	en son	två söner
en syster	två systrar	en dotter	två döttrar
en mor (moder)	två mödrar	en mormor	två mormödrar
en far (fader)	två fäder	en farmor	två farmödrar
en farbror	två farbröder	en morfar	två morfäder
en moster	två mostrar	en farfar	två farfäder

4.5 Obestämda artiklar: *en* och *ett*

En och *ett* är obestämda artiklar. *En* sätts framför n-ord och *ett* sätts framför t-ord. Alla substantiv är antingen n-ord eller t-ord. Vi kan inte se på ett ord om det är ett n- eller t-ord. Detta måste läras in som lexikonkunskap. Emellertid är ord för människor och djur nästan alltid n-ord. Ett viktigt undantag är *barn* som är t-ord.

en stol
en pojke
ett bord
ett barn

Obestämd artikel finns bara i ental. Den är obetonad och finns med även när vi inte lägger vikt vid antalet. Den obestämda artikeln används då man tror att substantivet är okänt för mottagaren.

En gubbe bodde i en låda.

Om vi antar att substantivet är känt använder vi i stället bestämd artikel.

Gubb**en** var glad och låd**an** var rymlig.

4.6 Bestämd artikel

Bestämd form konstrueras med hjälp av en **bestämd slutartikel** som läggs till stammen efter eventuell pluraländelse: stol+**en**, stol+ar+**na**, hus+**et**, hus+(ingen ändelse)+**en**.
Här följer regler för vilken bestämd artikel olika typer av substantiv får.

Substantiv bestämd form	*Bestämd artikel i singular*
kvällskurs**en** lektion**en**	n-ord som slutar på konsonant: **en**
klocka**n** pojke**n**	n-ord som slutar på vokal: **n**
jobb**et** universitet**et**	t-ord som slutar på konsonant: **et**
äpple**t** piano**t**	t-ord som slutar på vokal: **t**

I svenskan placeras bestämd artikel **efter** substantivet. Här skiljer alltså svenskan sig från några andra moderna språk:

engelska	*the* boy
tyska	*der* Junge
franska	*le* garçon
spanska	*el* niño
svenska	pojke**n**

När substantivet står i bestämd form plural kommer den bestämda slutartikeln att läggas till pluraländelsen.

Substantiv bestämd form	*Bestämd artikel i plural*
skolor**na** bilar**na** filmer**na**	n-ord: **na**

äpplena   t-ord som slutar på vokal: **a**
husen   t-ord som slutar på konsonant: **en**

4.7 Översikt över obestämd och bestämd form av substantiv i singular och plural

Pluraländelse	Form	Singular	Plural
or	obestämd form	en krona	två kronor
	bestämd form	kronan	kronorna
ar	obestämd form	en stol	två stolar
	bestämd form	stolen	stolarna
	obestämd form	en köttbulle	två köttbullar
	bestämd form	köttbullen	köttbullarna
er	obestämd form	en katt	två katter
	bestämd form	katten	katterna
	obestämd form	en apelsin	två apelsiner
	bestämd form	apelsinen	apelsinerna
	obestämd form	ett bageri	två bagerier
	bestämd form	bageriet	bagerierna
r	obestämd form	en sko	två skor
	bestämd form	skon	skorna
n	obestämd form	ett äpple	två äpplen
	bestämd form	äpplet	äpplena
ingen	obestämd form	ett päron	två päron
	bestämd form	päronet	päronen
	obestämd form	ett fönster	två fönster
	bestämd form	fönstret	fönstren

obestämd form	en lärare	två lärare
bestämd form	lärare**n**	lärar**na**

obestämd form	en studerande	två studerande
bestämd form	studerande**n**	studerande**na**

4.8 Sammanfattning av pluralböjning

Här sammanfattas de viktigaste reglerna för substantivens pluralböjning i obestämd och bestämd form.

	singular	plural		
		obestämd	bestämd	exempel
n-ord på **a**	en kron/a	**or**	**na**	kronor kronorna
n-ord på **e**	en bull/e	**ar**	**na**	bullar bullarna
n-ord med betoning på sista stavelsen	en apelsin	**er**	**na**	apelsiner apelsinerna
t-ord på vokal	ett äpple	**n**	**a**	äpplen äpplena
t-ord på konsonant	ett päron	–	**en**	päron päronen

4.9 Bestämdhet

Skolan, skolorna, dvs substantivets bestämda artikel har bestämd betydelse. Men vi kan inte förutsäga om grundformen – *skola, skolor* – har bestämd eller obestämd betydelse. Den obestämda formen kan nämligen kombineras med bestämda eller obestämda pronomen och kan därmed få bestämd eller obestämd betydelse. Här följer en översikt över hur vi markerar detta.

Vi markerar **obestämd betydelse** med:

1. substantivets grundform i singular för icke-räkningsbara substantiv.

> Ulf vill ha *kaffe*.
> Anna dricker *saft*.

2. substantivets pluralform.

> Karin äter *makaroner*.
> Per röker *cigarrer*.

3. obestämd artikel (en/ett) + substantivets grundform i singular.

> Vill du ha *ett ägg*?
> Jag köper *en hatt* i morgon.

4. obestämd pronomen + substantivets grundform i singular eller plural.

> Christer ser *ingen bok*.
> Olle tog *flera apelsiner*.

Vi markerar bekant, preciserad, **bestämd betydelse** med:

1. genitiv + substantivets grundform.

> *Evas* cykel är ny.
> *Axels* väska är brun.

2. possessivt eller bestämt pronomen + substantivets grundform.

> *Vår* Volvo går bra.
> *Nästa* vecka är det jul.

3. bestämt pronomen.

> Flygbåten går klockan nio. *Den* tar vi.

4. bestämd artikel på substantivet.

> Pojke**n** och flicka**n** går hand i hand.
> Huse**n** låg kvar vid sjön.

Genitiv, possessiv och bestämda pronomen preciserar för mottagaren vilket exemplar som avses. När inget pronomen behövs för att meningen ska bli klar, måste vi använda bestämd artikel.

4.10 Användning av obestämd och bestämd form

Man kan ganska lätt lära sig hur man markerar obestämd och bestämd form i svenskan. Det är däremot mycket svårare att lära sig att använda formerna rätt. Här följer några regler för när vi använder obestämd respektive bestämd form.

Som vi tidigare sett, används obestämd form när vi antar att substantivet är *obekant* för mottagaren. Då använder vi obestämd form med eller utan artikel.

> Karin träffar *en* fotbollsstjärna idag.
> Vill du ha *kaka*? (eller: Vill du ha *en kaka*?)

Om vi vill uttrycka *allmän betydelse* hos substantivet kan vi också använda obestämd form. I svenskan har vi många sätt att uttrycka allmän betydelse. Säkrast är att använda den artikellösa pluralformen för räkningsbara substantiv och singularformen för icke-räkningsbara, som aldrig har någon obestämd artikel (däremot kan den ha en bestämd slutartikel).

> *Män* kan inte tämjas.
> *Guld* är alltid dyrt.

Enbart grundformen använder vi vid:

1. icke-räkningsbara substantiv.

   Ulrik lyssnar till *musik*.
   Ulla dricker *läsk*.

2. komplement efter *är* och *blir*, då substantivet betecknar:

   yrke: Elisabet är *polis*.
   annan social roll: Ida ska bli *moster*.
   nationalitet: Ib är *dansk*.
   religion: Sunanatha är *buddist*.

3. vid konstruktionen, där verb och substantiv tillsammans ger en specialbetydelse. I sådana fraser är verbet obetonat. Betoningen ligger på substantivet.

   Henrik åker *moped*.
   Gusten spelar *ishockey*.
   Har Åke *tid* att hjälpa oss?

Den bestämda formen använder vi när betydelsen på ett eller annat sätt är *bekant* eller *framgår av situationen* eller *kontexten*. Detta kan göras på ett av följande sätt.

1. det kan vara omtalat tidigare.

   Det står en häst och en vagn på gården. Häst**en** ser trött ut.

2. det kan vara omtalat indirekt.

   De grälade idag och gråt**en** blandades med skrik**en**.

3. det kan vara unikt och allmänt bekant.

   Mån**en** lyser om natten.
   Drottning**en** talar tyska.

4. det kan vara unikt och bekant för att det preciseras i texten.

   Det var första gång**en** i år.

5. det kan framgå av situationen vad som menas.

   Klas har ont i fot**en**.
   Jag syr en kostym. Byxor**na** är snart färdiga.
   Läs på lapp**en** ! (det vill säga lappen som ligger framför dig)
   Stäng fönstr**et**!

5 Adjektiv

Adjektiv är ord som beskriver och bestämmer substantiv. De betecknar oftast egenskaper: *vacker, röd, hemsk*. Men de kan också beteckna vilken art eller grupp något tillhör: *nutida, borgerlig, europeisk*.

Adjektiv fungerar tillsammans med substantiv för att närmare beskriva eller bestämma substantivet. Ett adjektivet böjs efter genus, numerus, och bestämdhet. Detta innebär att det kan ha **obestämd** eller **bestämd** form och är beroende av det substantiv det bestämmer. Detta kallas för **kongruens**, dvs överensstämmelse, samstämmighet. Vissa adjektiv som vi nästan bara använder om levande varelser saknar neutrumform: *rädd, vred*. Det finns oböjliga adjektiv: *bra, kul, extra, äkta, öde, lagom, gammaldags*. Adjektiv kan stå före substantivet och fungerar då som **attribut**: en *röd* bil. Adjektiv kan också bestämma substantivet indirekt via vissa verb, t ex *vara, bli, heta, kallas*. Då står adjektiven **predikativt**: Bilen är *röd*.

Ibland får ett adjektiv samma funktion och betydelse som ett substantiv och sägs då vara *substantiverat*: *den kloka, den snygge, de moraliska*. De substantiverade adjektiven kan böjas i genitiv: *den klokas, den snygges, de moraliskas*.

5.1 Obestämd form

Adjektivet kongruensböjs med substantivet. Grundformen används för n-ord i singular, t-formen används för t-ord i singular och a-formen används för både n-ord och t-ord i plural.

grundform	svensk	SAAB är en svensk bil. (attribut) Bilen är svensk. (predikativ)
t-form	svensk + **t**	Detta är ett svenskt hus. (attribut) Huset är svenskt. (predikativ)
a-form	svensk + **a**	SAAB och Volvo är två svenska bilar. (attribut) Bilarna är svenska. (predikativ) Tycker du om de svenska husen? (attribut) Husen är svenska. (predikativ)

Som predikativ har adjektiv alltid obestämd form. När ett adjektiv används som attribut till ett substantiv som har obestämd form och dessutom är räkningsbart, måste en obestämd artikel stå framför adjektivet. Artiklarna är *en* eller *ett* i singular beroende på substantivets genus: *en* svensk tidning, *ett* gult hus. När substantivet står i plural eller är icke-räkningsbart används inte artiklar: varm mjölk, gott öl, små pojkar.

5.2 Bestämd form

Adjektiv i bestämd form har en fristående bestämd artikel framför sig. Artikeln *den* används framför n-ord och *det* framför t-ord. Dessutom kommer den efterställda bestämdhetsändelsen på substantivet, och adjektivet får i bestämd form ändelsen **a**. I svenskan markeras bestämdhet (tre)dubbelt på följande sätt:

	fristående artikel	*adjektiv*	*substantiv*
n-ord	**den**	gröna	bil**en**
t-ord	**det**	gröna	hus**et**
plural	**de**	gröna	bilar**na**

Samma typ av fristående artiklar förekommer i andra språk:

engelska	the	green	cars
tyska	die	grünen	Autos
franska	les	–	voitures vertes

Vid substantiv med bestämd betydelse använder vi alltid a-form på adjektivet. Vi har bestämd artikel framför a-formen, när det inte finns något annat bestämningsord, t ex *min, samma, Eriks*.

Adjektiv i bestämd form slutar alltid på **a:**

n-ord **den** röd**a** skjort**an, den** svensk**a** flagg**an, den** varm**a** sommar**en**

t-ord **det** röd**a** skärp**et, det** svensk**a** stål**et, det** grön**a** gräs**et** *plural*   **de** röda byxor**na**, **de** vackra skärp**en**, **de** gröna ränder**na**

Efter *min, samma, nästa* och fler sådana ord som gör ett substantiv bestämt har substantivet obestämd form, men adjektivet bestämd form.

n-ord   min röda skjorta, hans nya kostym, samma gamla hatt

t-ord   mitt röda skärp, samma gamla program

plural   mina röda byxor, era dumma frågor

Om substantivet är maskulint, dvs om det betecknar en levande varelse av hankön, så slutar adjektivet på **e** i bestämd form i skriftspråket:

den gamle mannen, **den** snälle pojken.

Formerna **den** gamla mannen och **den** snälla pojken används också både i tal och skrift.

5.3   Particip – verbens adjektivformer

Somliga verbformer använder vi som adjektiv. De kallas **presens particip** och **perfekt particip**. Vi bildar presens particip på följande sätt:

- Lägg till **ande** till stammen efter konsonant och obetonad vokal: spring**ande**, komm**ande**, oro**ande**
- Lägg till **ende** till stammen efter betonad vokal: bo**ende**, gå**ende**

Perfekt particip bildas på följande sätt i de följande konjugationerna:

I   baka+**d**

IIa   stäng+**d**
       rör+**d**

IIb   lås+**t**

III sy+**dd**

IV bru**ten**
sli**ten**
gjor**d**

Notera att perfekt participformen i svenskan inte är densamma som supinumformen som används för att bilda perfekt och pluskvamperfekt (se s 23).

5.4 Böjning av adjektiv och perfekt particip

Adjektivets och perfekt participens böjningsformer kan sammanfattas på följande sätt:

	obestämd	bestämd
n-ord	-	a
t-ord	t	a
plural	a	a

För att kunna böja adjektiv rätt bör du lägga följande grundregler på minnet:

1. n-ord i obestämd form får **ingen** ändelse: **en** gul stol.

2. t-ord i obestämd form får **t: ett** gult päron.

3. bestämd form och plural får **a: den** gul**a** stol**en, det** gul**a** hus**et, de** gul**a** stol**arna**.

Perfekt particip böjs på samma sätt som adjektiv med tillägg av **a** eller **t**:

	predikativ	obestämd	bestämd
singular	Boken är stängd	en stängd bok	den stängda boken
	Fönstret är stängt	ett stängt fönster	det stängda fönstret
plural	Böckerna är stängda	två stängda böcker	de stängda böckerna

Presens particip däremot kongruensböjs inte, till skillnad från perfekt particip. Precis som adjektiv kan presens och perfekt particip substantiveras: *ett leende, en bekant, två bekanta*.

5.5 T-form av perfekt particip och somliga adjektiv

Om vi lägger till ändelsen **t** till ett perfekt particip eller ett adjektiv som slutar på **t** eller **d** så mister de **t** eller **d**:

stängd	+ t	>	stängt
rund	+ t	>	runt
rökt	+ t	>	rökt
svart	+ t	>	svart

Perfekt particip på **dd** får **tt**:

missförstådd	+ tt	>	missförstått
uppnådd	+ tt	>	uppnått

en missförstå**dd** man
ett missförstå**tt** barn

Adjektiv som slutar på lång betonad vokal eventuellt följd av **d** eller **t** får också **tt**. Det gäller adjektiv som slutar på:

lång betonad vokal:	ny	+ tt	>	nytt
	rå	+ tt	>	rått
lång betonad vokal + t:	vit	+ tt	>	vitt
	söt	+ tt	>	sött
lång betonad vokal + d:	röd	+ tt	>	rött
	bred	+ tt	>	brett

Perfekt particip och adjektiv på obetonat **en** förlorar **n** då vi lägger till **t**.

vaken	+ t	>	vaket
skriven	+ t	>	skrivet

en vaken flicka
ett vaket barn
en handskriven bok
ett skrivet kvitto

Om vokalen e är betonad försvinner inte n: ren + t blir *rent*.

5.6 A-form av somliga perfekt particip och adjektiv

Particip på **ad** får e i bestämd form och i plural om föregående stavelse innehåller ett obetonat **a**.

intresserad + e intresserade
förvånad + e förvånade

Adjektiv och particip som slutar på obetonat **er, el** eller **en** mister e, då vi lägger till **a**.

vacker + a vackra
naken + a nakna
enkel + a enkla
skriven + a skrivna
bunden + a bundna

5.7 Adjektivet *liten* och färgorden

Värt att notera är att det vanliga adjektivet *liten* har en avvikande böjning:

	predikativ	obestämd	bestämd
singular	Tavlan är *liten*	en *liten* tavla	den *lilla* tavlan
	Huset är *litet*	ett *litet* hus	det *lilla* huset
plural	Husen är *små*	två *små* hus	de *små* husen

Färgorden är adjektiv. *Gul, grön, skär, brun* har regelbunden böjning, medan *orange, rosa, lila* är oböjliga. *Blå* och *grå* har t-formerna *blått* resp *grått*. I plural eller bestämd form kan de ha regelbunden eller a-lös böjning: den *blå/blåa* stolen, *grå/gråa* väggar. *Svart, röd, vit* böjs i t-form som ovan beskrivits *(svart, rött, vitt)*. I plural och bestämd form har de regelbunden böjning.

5.8 Komparation

Tre olika komparationsformer finns: **positiv, komparativ** och **superlativ**.

Positiv använder vi när vi utan jämförelse anger att en viss egenskap finns: *dyr, arg, kall*.

Komparativ använder vi när vi anger att något eller någon har en egenskap i större utsträckning eller högre grad än någon annan eller något annat: *dyrare, argare, kallare*. Komparativ uttrycker vi också ibland med adverbet **mer**: *mer fascinerande, mer typisk*.

Superlativ använder vi när vi anger att en egenskap finns i högst grad hos något eller någon: *dyrast, argast, kallast*. **Superlativ** kan vi också uttrycka med adverbet **mest**: *mest fascinerande, mest typisk*.

Adjektiv i superlativ böjs i bestämd form. Bestämdhetsändelsen i superlativ är normalt **e**: *min intressantaste bok, min dyraste kamera, det dummaste svaret*, men **a** i de oregelbundna adjektiven med omljud: *mitt sämsta ämne, mina bästa vänner, den högsta skatten i världen*.

Vissa adjektiv kan inte kompareras på grund av sin betydelse: *evig, äkta, tioårig, daglig*.

Adjektiv med avvikande böjning är inte många men de används ofta. Här följer en översikt över **regelbunden komparation**:

Positiv	*Komparativ* (**are**)	*Superlativ* (**ast**)
hederlig	hederligare	hederligast
dum	dummare	dummast
enkel	enklare	enklast
populär	populärare	populärast
intressant	intressantare	intressantast

Ett fåtal vanliga adjektiv har **oregelbunden komparation** med omljud:

Positiv	Komparativ (**re**)	Superlativ (**st**)
stor	större	störst
hög	högre	högst
låg	lägre	lägst
lång	längre	längst
tung	tyngre	tyngst
ung	yngre	yngst

Andra få, men vanliga adjektiv har också en **oregelbunden komparation** och lånar sina positivformer från andra adjektiv:

Positiv	Komparativ	Superlativ
bra	bättre	bäst
dålig	sämre	sämst
dålig	värre	värst
gammal	äldre	äldst
liten	mindre	minst
mycket	mer	mest

Adjektiv som slutar på **isk** och particip kompareras för det mesta med adverben **mer** och **mest** enligt följande:

Positiv	Komparativ (**mer**)	Superlativ (**mest**)
typisk	mer typisk	mest typisk
fascinerande	mer fascinerande	mest fascinerande
intresserad	mer intresserad	mest intresserad

6 Pronomen

Pronomen omfattar många olika slags ord eller kombinationer av ord med varierande böjning och användning. Pronomen får delvis sin betydelse utifrån sammanhanget.

6.1 Personliga pronomen

Här följer en översikt av svenskans personliga pronomen: subjektsform och objektsform. I parenteserna står former som nästan alltid används i talspråk och i informellt skriftspråk.

Subjektsform	Objektsform
jag	mig (mej)
du	dig (dej)
hon	henne
han	honom
den	den
det	det
vi	oss
ni	er
de (dom)	dem (dom)

Här följer exempel på pronomen som subjekt och objekt:

Hon behöver en bok (n-ord).   *Den* kostar 50 kronor.
                               Hon köper *den*.

Hon behöver ett halsband (t-ord).   *Det* kostar 50 kronor.
                                     Hon köper *det*.

Hon behöver örhängen (plural).   *De* kostar 50 kronor.
                                  Hon köper *dem*.

Han gillar *henne* och *hon* gillar *honom*.

Både *de* och *dem* uttalas normalt [dom]. I brev, kvällstidningar och barnböcker skriver man ofta *dom*. I vissa dialekter säger man [di] eller [dem]. I radio och TV säger man nu ofta [de] respektive [dem].

6.2 Possessiva pronomen

Ett personligt pronomen har speciell form då det refererar till en ägare. Dessa pronomen kallas **possessiva**.

Min syster bor i Tyskland.
Din katt är svart.
Känner du Britta? *Hennes* man är *vår* läkare.

Den och *det* har *dess* som possessiv form. *Dess* används inte i talspråk och ledig stil; vi gör ofta omskrivningar för att undvika *dess*:

Allan ser en korp. *Dess* fjäderdräkt är svart.
omskrivning: Den har svart fjäderdräkt.

Possessiva pronomen böjer vi som adjektiv, då de står som attribut. Det vill säga de får **t** före ett t-ord och **a** före substantiv i plural:

Gillar du *vår* tavla?
Gillar du *vårt* hus?
Gillar du *våra* gardiner?

Vissa possessiva pronomen har oregelbunden form och vissa är oböjliga. Här följer en översikt över alla formerna:

n-ord	t-ord	plural
min tavla	mitt hus	mina gardiner
din tavla	ditt hus	dina gardiner
hennes tavla	hennes hus	hennes gardiner
hans tavla	hans hus	hans gardiner
dess tavla	dess hus	dess gardiner
vår tavla	vårt hus	våra gardiner
er tavla	ert hus	era gardiner
deras tavla	deras hus	deras gardiner

Regeln för att bilda possessiv pronomen rätt blir: lägg till **t** vid t-ord och **a** i plural. Vid *min, din, sin* blir **n+t** till **tt**: *mitt, ditt, sitt*. Ord som slutar på **s** är oböjliga: *hennes, hans, dess, deras*.

I svenskan kan possessiva pronomen användas utan att något substantiv följer:

> Vems tavla är det där?   Det är *min*.
> Vems hus är det där?   Det är *mitt*.
> Vems strumpor är det där?   Det är *mina*.

6.3 Reflexiva pronomen

Om ägaren i tredje person fungerar som subjekt i samma sats byts vissa possessiva pronomen ut mot ett **reflexivt pronomen** *sin*. *Sin* använder vi sålunda i stället för *hennes, hans, dess* och *deras*, om ägaren fungerar som subjekt i samma sats. *Sin, sitt, sina* syftar alltså på subjektet i samma sats.

> Där går Kalle med *sin* fru.   Dvs Kalles fru.
> Nisse tycker om *hans* fru.   Dvs Kalles fru eller någon annans fru, men inte Nisses fru.

Hans, hennes eller *deras* syftar på någon annan, något annat eller några andra än subjektet.

Vid vissa personliga pronomen finns en särskild reflexiv form *sig*. Den används om objektet betecknar samma person som subjektet:

> Vad gör Per med Kalle?   Han tvättar *honom*. (personligt pronomen)
> Vad gör Kalle?   Han tvättar *sig*. (reflexivt pronomen)

Här följer en översikt över **reflexiva pronomen**.

> Jag tvättar *mig*.
> Du tvättar *dig*.
> Hon tvättar *sig*.
> Han tvättar *sig*.
> Vi tvättar *oss*.
> Ni tvättar *er*.
> De tvättar *sig*.

Observera ordföljden vid reflexiva pronomen. Reflexivt pronomen kommer **efter** subjektet men **före** satsadverbialet.

Jag tvättar *mig* ofta.
Tvättar du *dig* ofta?

Här följer en översikt över de possessiva formerna av alla personliga pronomen.

	Possessiva pronomen	
subjekt	icke-reflexivt	reflexivt
jag	min	min
du	din	din
hon	hennes	sin
han	hans	sin
den	dess	sin
det	dess	sin
vi	vår	vår
ni	er	er
de	deras	sin

6.4 Demonstrativa pronomen

Vanliga attribut i svenskan är *den här* och *den där*, det vill säga framförställda artikeln följt av *här* och *där*. Artikeln kongruensböjs med substantivet.

den här väskan   den där väskan
det här huset   det där huset
de här väskorna de där väskorna
de här husen   de där husen

Dessa **demonstrativa pronomen** är ord med utpekande betydelse. Andra ord i denna grupp är: *den, det, denna, denne, föregående, följande*.

6.5 Relativa pronomen

Relativt *som* syftar tillbaka på personer och saker, både n-ord och t-ord, i singular och plural.

>   ... en bror *som* heter ...
>   ... ett barn *som* går i ...
>   ... en bok *som* står i ...
>   ... ett land *som* ligger i ...
>   ... två vänner *som* ...
>   ... två böcker *som* ...

Andra relativa pronomen är *vars, vad, vilket* med böjningsformer. De är bisatsinledare i relativa bisatser på samma gång som de är en satsdel i bisatsen. Relativsatser fungerar som attribut i den överordnade konstruktionen:

>   De *som var på festen* var trevliga.
>   Ingen *som du känner* var där.
>   Jag känner dem *som var på festen*.
>   Du känner alla *som var där*.

6.6 Indefinita pronomen

Man är ett vanligt pronomen i svenskan. Det används då vi inte avser någon speciell person eller då vi talar om folk i allmänhet. Vi använder *man* bara för subjektet, annars använder vi *ens* (genitiv) och *en* (objekt). Reflexiv formen till *man* är *sig*.

>   I Sverige får *man* rösta när *man* blir 18 år.
>   *Man* blir glad när *ens* barn kommer och besöker *en*.
>   Man rår *sig* själv.

Man har numera ofta betydelsen *jag*:

>   Man (= *jag*) klarar inte allt, ska jag säga.

Samtidigt har det personliga pronomenet *du* ibland samma generella betydelse som *man*:

Du fyller i den gula blanketten.
I Sverige får *du* rösta när *du* blir 18 år.

Andra **indefinita pronomen** är *varje, hel, annan, ingen*. Pronomenet *ingen* har ofta samma betydelse som *inte någon*:

inte någon bil ingen bil
inte något hus inget hus
inte några bilar inga bilar

Vi använder ofta *ingen* i huvudsats om det bara finns ett verb. Om verbfrasen innehåller två eller fler verb måste vi använda *inte någon*. I bisats måste vi alltid använda *inte någon*, eftersom *inte* måste stå **före** första verbet.

Hon har *ingen* telefon. (huvudsats)
Hon har *inte någon* telefon. (huvudsats)
Hon har *inte* fått *någon* kaka. (huvudsats)
Hon säger att hon *inte* har *någon* telefon. (bisats)

Framför räkningsbara substantiv kan också följande indefinita pronomen användas:

flera

Hon har flera äpplen.

någon/något/några

Har han någon ordbok?
Har hon något äpple?
Har hon några äpplen?

6.7 **Reciprokt pronomen**

Varandra är det enda **reciproka pronomenet** som finns i svenskan. Det uttrycker ömsesidighet:

De älskar *varandra*. (Hon älskar honom och han älskar henne.)
Vi lånar *varandras* kläder. (Jag lånar hans kläder och han lånar mina.)
Vi träffar *varandra* varje måndag. (Vi träffas varje måndag.)
Vi hör av *varandra*. (Vi hörs!)

7 Adverb

Adverben liknar adjektiven, men bestämmer normalt inte substantiv.
Adverb kan bestämma:

verb: Magnus kom *sent* till tåget.
adjektiv: Tora är *ganska* trevlig.
adverb: Gertrud kom *ovanligt* tidigt till sammanträdet.
hel sats (fungerar
som satsadverbial): Bo dricker *inte* öl till mat.

Inte är det vanligaste satsadverbet i svenskan.

7.1 Adverbens bildningssätt

I följande exempel finns adverb som säger hur verbhandlingen utförs.
De slutar alla på **t**:

Märit sover *djupt*.
Jan sjunger *falskt*.
De lever *farligt*.

Ett vanligt sätt att bilda adverb från ett adjektiv är just genom tillägg av **t**. Så bildas ett adverb av adjektivet *falsk*:

falsk + t   falskt

Notera att t-adverb har samma utseende som t-formen av adjektiv och att samma regler för adverbbildandet gäller när adjektivet slutar på *d* eller *t*.

adjektiv   *adverb*
rörd   rört
elegant   elegant
söt   sött
glad   glatt

Adverb kan vi också bilda genom tillägg av:

ligen: dagligen, vanligen, möjligen.
vis: naturligtvis, lyckligtvis, delvis.

7.2 Adverbens böjning

Adverb är vanligen oböjliga. Men adverb som är bildade från adjektiv och som slutar på **t** kan kompareras på samma sätt som adjektiven (se s 52).

djupt djup*are* djup*ast*
falskt falsk*are* falsk*ast*

7.3 Adverbens betydelse och funktion

Vissa adverb har sin betydelse som lexikonord: *inte, aldrig, precis, kanske*, medan andra får en del av sin betydelse av kontexten och kallas därför **pronominaladverb**: *sedan, därefter, där, dit, därom, här, hit*.

7.4 Satsadverb

En grupp adverb fungerar som **satsadverbial**. Detta innebär att de förtydligar eller modifierar satsen; några negerar satsen: *inte, (ej, icke), knappast*.

Lena sjunger *inte* falskt.
Lars kommer *knappast* fram idag.

Andra adverb uttrycker talarens inställning till det sagda: *faktiskt, givetvis, ju, kanske, nog, väl*.

Du är *givetvis* välkommen.
Gunlög kan *faktiskt* sjunga.

7.5 SRT-adverb

Adverb besvarar i satssammanhanget frågorna: När? Var? Hur? I vilken grad? Varför?

tid: *tidigt, alltid, nu, då.*
rum: (riktning) *hem, ut, hit, dit, härifrån.*
(befintlighet) *hemma, ute, här, där.*
sätt: *bra, dåligt, lyckligt, annorlunda.*
grad: *ganska, mycket, mest.*
orsak: *därför.*

Här följer några exempel där vi ser hur adverben fungerar som adverbial i satsen.

    De är *tidigt* i Farsta.
    Ute är det blåst.
    Johan kör *bra*.
    Fru Hansson är *ganska* söt.
    Karin har ont i foten. *Därför* går hon *så långsamt*.

7.6 Bisatsinledare

Adverb kan också inleda bisatser:

    Peter frågade *varför* hon inte kom. (frågebisats)
    De frågade sig *hur* många kilometer det var till Skåne.
    (frågebisats)
    Gunilla bor i en skog *där* det finns många fåglar. (relativbisats)

8 Prepositioner

Prepositioner är oböjliga småord, som normalt är obetonade i satsen. De står framför det ord de bestämmer, oftast ett substantiv, ett pronomen i objektsform eller en infinitiv. Prepositionerna uttrycker tidsliga, rumsliga och abstrakta relationer.

> Ingvor sitter *i* sängen. (rumsligt)
> Jag har väntat *i* en timme. (tidsligt)
> Eva skrek *av* glädje. (abstrakt)

En och samma preposition har ofta flera betydelser. Därför är det viktigt att lägga märke till hur varje preposition används. Prepositionerna *i* och *på* används mest.

8.1 Befintlighet

Här kommer vi enbart att gå igenom de viktigaste av de prepositioner som betecknar befintlighet.

> Bullarna är *i* ugnen.
> Vasen står *på* bordet.
> Gunnel sitter *vid* skrivbordet.
> Maria är *hos* sin mamma.

I används vid befintlighet i något tredimensionellt, dvs något som har volym.

> Hunden är *i* hundkojan.
> Vad har Jan *i* väskan?
> Han ligger i sängen.
> Blomman står i fönstret.

På betecknar befintlighet på något som vi uppfattar som en linje eller en yta. *På* betecknar (till skillnad från *vid* nedan) beröring eller kontakt.

> 🐎/ /   Hästen står *vid* vägen.
> /🐎/   Hästen står *på* vägen.

Kalle leker *på* sängen.
Flugan sitter *på* fönstret.

Vid betecknar befintlighet intill något utan att det behöver uppkomma beröring eller kontakt.

Flickan stannade *vid* skolan.
Kyrkan ligger *vid* ån.

Hos använder vi för att ange att någon besöker någon annans hus, affär eller liknande.

Ylva är *hos* sin faster.
Anders var *hos* tandläkaren.

Notera nedanstående användningar:

1. Länder och orter: *i*

Thailand ligger *i* Asien.
Sara bor *i* Örebro.
Karl gör lumpen *i* Ystad.

2. Öar: *på*

Anderssons bor *på* Tjörn.
Vi semestrade *på* Gotland.

3. Gatuadresser: *på*

Universitetet ligger *på* Södergatan.
Rosenberg bor *på* Gråvädersvägen.

4. Arbetsplatser och offentliga institutioner: *på*

Jag arbetar *på* kontor.
Siv måste gå *på* banken.
Boken är lånad *på* biblioteket.
Ska vi gå *på* bio eller *på* teater?

Undantag är skolan, affären, kyrkan:

> Madeleine går *i* skolan.
> Olle arbetar *i* affär.
> Mormor går *i* kyrkan varje söndag.

Vid somliga verb används befintlighetsprepositioner fast verben uttrycker förflyttning.

> Sixten ställde glaset *på* bordet.
> Ulf kastade ägget *i* soptunnan.

8.2 Riktning

Viktigast och vanligast bland prepositionerna som betecknar riktning är *till*, som besvarar frågan: Vart? och *från*, som besvarar frågan: Varifrån?

Vart?	Varifrån?
Östen åkte *till* Malmö.	Patrik cyklade *från* Lund.
Anders gick *till* tandläkaren.	Ulla gick *från* festen.

Följande prepositioner betecknar också riktning eller förflyttning.

genom: Vi går *genom* staden.
Älven flyter *genom* Umeå.
Yvonne tittar ut *genom* fönstret.

längs: Vägen går *längs* skogen.

över: Axel sprang *över* gatan.

mot: Vi flög *mot* London.
Bäcken rinner *mot* sjön.

ur: Kajsa tog fram äpplet *ur* fickan.

8.3 Tid

De viktigaste prepositionerna i tidsuttryck är *på, i, om,* och *för ... (sedan).*

>Jag har inte träffat honom *på* länge.
>Jag har väntat *i* en timme.
>De skulle visst komma *om* en kvart.
>Han slutade *för* flera år sedan.

Här följer en lista på några vanliga tidsuttryck som innehåller prepositioner.

förfluten tid:
igår
i förrgår
i morse
i måndags (tisdags, onsdags osv)
i våras
i somras
i höstas
i vintras
i julas
för en minut (timme) sedan
för en vecka (månad) sedan
för ett år sedan
för tre dagar sedan

framtid:
på torsdag
på lördag
på onsdag
på fredag
i höst
i påsk
i kväll
i morgon
i övermorgon
i morgon bitti
i morgon kväll

om en kvart
om en stund
om en timme
om tre veckor

8.4 Prepositionen *av*

Av används när vi talar om:

material som något görs av:

> Göte byggde ett hus *av* timmer.
> Flickorna gjorde en påse *av* tyg.

urval:

> Ingrid valde en *av* böckerna.
> Vem *av* engelskorna kommer till kursen?

orsak eller bevekelsegrund:

> Eva skrek *av* smärta.
> Anna gjorde det *av* kärlek.

agent vid passiv:

> Boken recenserades av Maj-Britt.

Lägg märke till att genitiv kan uttryckas inte bara med prepositionen *av* (kejsaren *av* Kina) utan även med andra prepositioner som:

> Titeln *på* boken.
> Dörren *till* rummet.
> Befolkningen *i* USA.

9 Partiklar

Partiklar är alltid knutna till ett obetonat verb. Partiklar kan ibland se ut som prepositioner, men till skillnad från prepositionerna är partiklarna alltid **betonade** i satsen.

Partikel
Per drack 'ur flaskan.
Gör inte 'om det där!
Vi hälsade 'på Siv.

Preposition
Per 'drack ur flaskan.
Boken 'handlar om barn.
Vi 'hälsade på Siv.

Ibland motsvaras verb och partikel av en fast sammansättning: *ringa 'in/inringa, bryta 'av/avbryta, skjuta 'upp/uppskjuta*:

Kalle bröt *'av* grenen.
Lotta fick *avbryta* sammanträdet.

I satsen kommer partikeln alltid **framför** eventuella objekt, medan adverben kommer **efter** objektet.

Lisa ledde *'hem* hunden.
Lisa ledde hunden hem (till hundkojan).

Partiklarna är viktiga och kan helt ändra betydelsen hos ett yttrande. Jämför följande satser:

Nu flyttar vi. (från en bostad till en annan.)
Nu flyttar vi *'ihop*. (Nu ska vi bo tillsammans.)

Här följer en lista på partiklar som uttrycker riktning och befintlighet.

Befintlighet	Riktning	
Var?	*Vart?*	*Varifrån?*
hemma	hem	hemifrån
borta	bort	bortifrån
inne	in	inifrån
ute	ut	utifrån
uppe	upp	uppifrån
nere	ner	nerifrån
framme	fram	framifrån

Nils har åkt '*bort*.
Åsa är '*inne* i rummet och tittar '*ut* genom dörren.
Lars-Göran åker '*hemifrån* varje kväll.
Bertil reste '*ner* till Tyskland.
Flygplanet kom '*uppifrån*.
Stig '*in*!
Varsågod och sitt '*ner*.

10 Konjunktioner

Konjunktioner använder vi för att **samordna** eller **underordna**. Genom konjunktioner kan vi uttrycka exempelvis orsaksrelationer och motsatsförhållanden mellan satsdelar och satser.

10.1 Samordnande konjunktioner

För att satsdelar och satser ska kunna samordnas måste de vara av samma typ innehållsligt och formellt: Åsa *och* Eva går i skolan. Detta är ett sätt att kombinera satserna: *Åsa går i skolan* och *Eva går i skolan*. I exemplet har *Åsa och Eva* samordnats till ett subjekt.

Det finns olika typer av samordnande konjunktioner.

1. **kopulativa** (sammanställande): *och, samt*.

    Lisa sjöng *och* Ola spelade piano.

Med *samt* samordnar vi bisatser och satsdelar, men inte huvudsatser.

    Patrik sålde tre tidningar *samt* en påse karameller.

2. **disjunktiva** (särskiljande): *eller*.

    Vill du äta äpplen *eller* päron?

3. **adversativa** (motställande): *men, utan*.

    Ulla var sjuk *men* gick till skolan ändå.
    Hon gick inte till skolan *utan* stannade hemma.

4. **explanativa** (förklarande): *för, ty*.

    Julafton var rolig *för* då fick vi julklappar.

5. **alternativa:** *antingen ... eller, varken ... eller*.

    Ulrik måste *antingen* studera *eller* arbeta.
    Tomas *varken* dricker *eller* röker.

Konjunktionella adverb *såsom, också, dock, nämligen* har samma funktion som samordnande konjunktioner. Denna typ av adverb uttrycker också slutsats: *alltså, således, därför, följaktligen*.

> Det finns många lövträd, *såsom* ek, bok och björk.
> Vatten består av två grundämnen, *nämligen* väte och syre.

När adverbet följs av en sats får följdsatsen omvänd ordföljd.

> Vi blir färdiga, *alltså* kan vi åka på semester.
> Karin fick punktering, *därför* kan hon inte komma.

10.2 Underordnande konjunktioner

Underordnande konjunktioner eller **subjunktioner** inleder bisatser. Här följer en lista på olika typer av subjunktioner och exempel på hur subjunktionerna används i satsen:

allmänt underordnande: *att* (kan utelämnas)

> Han sade *att* han skulle komma.

temporala (tid): *då, när, sedan, till dess, så länge som*

> Jag kommer *när* jag har tid.

komparativa (jämförelse): *såsom, liksom, som, ju ... desto*

> Magnus talar *som* han har förstånd till.
> *Ju* mer vi är tillsammans *desto* gladare vi blir.

konsekutiva (följd): *så att*

> Agda tog i *så att* hon svettades.

finala (avsikt): *för att*

> Vi gav henne en krona *för att* hon skulle hålla tyst.

kausala (orsak): *eftersom, därför att, då*

    Gertrud skrattar *eftersom* hon är glad.

konditionala (villkor): *om, ifall, bara*

    Om du kommer så får du tårta.

koncessiva (medgivande): *trots att, fast, även om*

    Han klarade provet *trots att* han inte hade läst läxan.

interrogativa (frågande): *om, huruvida*

    De undrade *om* vi var beredda.

deskriptiva (beskrivande): *utan att, genom att*

    Hon lyckades *genom att* hon arbetade hårt.

11 Räkneord

Vi skiljer mellan två slags räkneord i svenskan: **grundtal** och **ordningstal**.

11.1 Grundtal

1	en/ett	18	arton
2	två	19	nitton
3	tre	20	tjugo
4	fyra	21	tjugoen [tjuen]
5	fem	22	tjugotvå [tjutvå]
6	sex	30	trettio [tretti]
7	sju	40	fyrtio [förti]
8	åtta	50	femtio [femti]
9	nio [nie]	60	sextio [sexti]
10	tio [tie]	70	sjuttio [sjutti]
11	elva	80	åttio [åtti]
12	tolv	90	nittio [nitti]
13	tretton	100	hundra
14	fjorton	101	hundraen
15	femton	200	tvåhundra
16	sexton	1000	tusen
17	sjutton		

I hakparenteser står former som används i talspråk.

Grundtalen betecknar ett bestämt antal. De är adjektiviska till sin funktion, men inte till sin form: de kan vara attribut men är oböjliga. Undantag är *en/ett* som böjs efter genus.

Einar har *fem* barn och *ett* barnbarn.
Else har *en* katt och *två* hundar.

Vi kan också bilda **substantiv** till grundtalen genom suffix och sammansättning:

en etta
en tvåa
en tia osv

En *etta* (*tvåa, trea*) kan betyda 'en lägenhet med ett (två, tre) rum och kök'. *Jag har just köpt en etta.* Substantiv bildade till grundtalen kan också användas på följande sätt:

Hon skrev en *sjua* på tavlan.
Vi tar *54:an* (dvs buss nummer 54).

Genom sammansättning med **tal** (talet, talen) bildar vi substantiv.

ett *tiotal* träd (cirka tio träd)
Tusentals människor kom till festen. (Flera tusen människor kom till festen.)

11.2 Århundrade, årtal, år, månad och dag

Sammansättningar med **tal** använder vi för att beteckna århundrade.

Vi lever på nittonhundratalet. (Vi lever i det tjugonde århundradet.)

Det senare uttryckssättet använder vi inte ofta; det låter poetiskt.

Carl von Linné föddes 1707 och dog 1778; alltså levde han på sjuttonhundratalet (1700-talet).

Årtal skrivs och utläses på följande sätt i svenskan:

1992	nittonhundranittitvå
1848	artonhundraförtiåtta
2015	tjugohundrafemton

Noteras bör att vi i svenskan säger:

ett och ett halvt år
två och en halv månad
tre och en halv dag

Vi böjer alltså räkneordet *en* och *ett* efter genus, medan substantivet står i singular, trots att det egentligen är plural.

11.3 Ordningstal

1	första/förste	20	tjugonde
2	andra/andre	21	tjugoförsta [tjuförsta]
3	tredje	22	tjugoandra [etc]
4	fjärde	23	tjugotredje
5	femte	24	tjugofjärde
6	sjätte	25	tjugofemte
7	sjunde	26	tjugosjätte
8	åttonde	27	tjugosjunde
9	nionde	28	tjugoåttonde
10	tionde	29	tjugonionde
11	elfte	30	trettionde
12	tolfte	40	fyrtionde [förtionde]
13	trettonde	50	femtionde
14	fjortonde	60	sextionde
15	femtonde	70	sjuttionde
16	sextonde	80	åttionde
17	sjuttonde	90	nittionde
18	artonde	100	hundrade
19	nittonde		

Ordningstalen är **adjektiviska** och betecknar **plats i en ordningsföljd**.

Karlssons har fem barn. Birgitta är deras *fjärde* barn.

Med undantag för *första/förste* och *andra/andre* är ordningstalen oböjliga och bildade genom avledning av grundtalen.

fem *femte*
sju *sjunde*
nio *nionde*

De två första ordningstalen slutar liksom adjektiv på **e**, när de står som bestämningar till maskulina ord i singular.

Deras andre son.

Ordningstal använder vi vid:

datum:	Idag är det den 4 maj.	(läses: den fjärde maj)
	Kursen börjar 6/7.	(läses: den sjätte i sjunde)

namn på kungar, drottningar etc: Carl XVI Gustaf. (läses: Carl den sextonde Gustaf)
Elizabeth II av England. (läses: Elizabeth den andra)

upprepning, dvs när vi talar om
hur ofta något händer: Det går en flygbuss var femtonde minut. (Dvs med femton minuters mellanrum.)
De kommer hem vart tredje år.

Notera att substantivet alltid står i singular.

12 Diverse

12.1 Presenteringskonstruktion

Då vi för in ny information i kontexten används **presenteringskonstruktion**. Det är subjektet som ska presenteras. Vid presentering inleder vi satsen med ett **formellt subjekt** *det* och därefter följer det finita verbet och det egentliga subjektet.

Det står *en häst* i hagen.   (*En häst* står i hagen.)
Det är *ingen* i rummet.   (*Ingen* är i rummet.)

Satserna i parenteserna är grammatiskt korrekta. Men vi föredrar presenteringskonstruktion när vi för in ny information i sammanhanget (Högertyngd, se s 12).

Presenteringskonstruktionen kan vi använda i en fråga genom att placera *det* **efter** verbet.

Står *det* en häst i hagen?
Är *det* ingen i rummet?

Observera att presentering bara kan användas när substantivet är obestämt. Sålunda är: *Det står hästen i hagen* en ogrammatisk mening. Ordet *hästen* har bestämd form, vilket innebär att hästen är känd och den behöver därför ingen presentation.

Presenteringskonstruktion är vanlig vid följande verb, som inte kan ha objekt som komplement:

existens: *finnas, saknas, fattas, hända*
förflyttning: *komma, gå*
befintlighet: *vara, stå, sitta, ligga, bo*

Det var en gång en elefant.
Det finns en blomma i fönstret.
Det fattas tio kronor.
Det händer alltid så trevliga saker.
Det ligger en vit man i din säng.
Det sitter en man i garderoben.

happen

I svenskan kan *ligga, sitta, stå* användas inte bara om levande varelser utan också om saker:

> Det ligger en källa i skogen.
> Det står en stol i hörnet.

12.2 Emfatisk omskrivning (Utbrytning)

Om vi vill visa att något led i satsen är speciellt viktigt kan vi göra det med **emfatisk omskrivning** (kallas även **utbrytning**). Konstruktionen ser ut så här:

> *Det är/var* + **det viktiga ledet** + *som* + resten av satsen.

Vi kan utelämna *som* om det följs av subjekt.

> *Pia tittade på TV igår.*
> Det var *Pia* som tittade på TV igår.
> Det var *igår* som Pia tittade på TV.
> *Stig står där.*
> Det är *Stig* som står där.
> Det är *där* som Stig står.

Innehåller det utbrutna ledet en preposition så kan vi flytta fram hela ledet eller välja att lämna kvar prepositionen.

> *Eva åker med tåget*
> Det är *med tåget* som Eva åker.
> Det är *tåget* som Eva åker *med*.

Som vi sett ovan kan olika led i satsen brytas ut och därigenom fokuseras. Vi kan ha fokus på subjektet, objektet eller adverbialet.

> *Vi sparar energi nu.*
> Det är *vi* som sparar energi nu. (subjektet utbrutet)
> Det är *energi* som vi sparar nu. (objektet utbrutet)
> Det är *nu* som vi sparar energi. (adverbialet utbrutet)

Emfatisk omskrivning förekommer ofta i frågeordsfrågor, där frågeordet bryts ut och fokuseras.

Vem skrattar? Vem är det som skrattar?
Vilka kommer hit? Vilka är det som kommer hit?

12.3 Verbens valens

När man lär sig ett nytt verb måste man också lära sig hur verbet konstrueras. Betydelsen hos verbet bestämmer och begränsar satsens grammatiska struktur. Vi talar om **verbens valens**. Vissa verb kan inte ta objekt. Dessa kallas **intransitiva**, t ex *sitta, stå, springa, gå, andas*.

    Anders springer.
    Vi lever nu!

Andra verb kan kombineras med objekt. Dessa verb kallas **transitiva**. Transitiva verb tar ett eller två objekt som komplement.

    Jag tror *honom* inte.
    Eva gav *Olle en blomma*.

Här följer en lista på några vanliga verb. Det ges också exempel på hur dessa verb kan konstrueras.

be	ngn	om ngt	Han bad sultanen om hjälp.
	–	att SATS	Han bad att han skulle hjälpa honom.
befaller	ngn	att INF	Han befallde soldaterna att stanna.
	–	att SATS	Han befallde att soldaterna skulle stanna.
begär	–	att SATS	Han begärde att kungen skulle ge honom hjälp.
beslutar	–	att INF	Han beslöt att hjälpa kungen.
	–	att SATS	Han beslöt att de skulle fånga kungen.
får reda på	ngt		Han fick reda på resultatet.
	–	att SATS	Kungen fick reda på att armén hade kapitulerat.
föreslår	ngn	ngt	Han föreslog kungen en plan.

	–	att SATS	Han föreslog att de skulle återvända.
förstår	ngn		Min fru förstår mig inte.
	–	ngt	Det förstår jag.
	–	att SATS	Han förstod att spelet var slut.
hoppas	–	INF	Jag hoppas få se dig igen.
	–	att SATS	Jag hoppas att du snart blir frisk.
hotar	ngn	(med ngt)	Han hotade henne (med kniv).
	–	(med att SATS)	Han hotade henne med att han skulle döda henne.
	–	att INF	Han hotade att döda henne.
lovar	ngn	ngt	Chefen lovade mig högre lön.
	(ngn)	att SATS	Chefen lovade (mig) att jag skulle få högre lön.
	–	att INF	Han lovade att komma tillbaka.
tillåter	–	ngt	Min läkare tillåter inte alkohol.
	ngn	att SATS	Min läkare tillåter inte mig att dricka alkohol.
	–	att SATS	Min läkare tillåter inte att jag dricker alkohol.
tror	–	att SATS	Han trodde att sultanen skulle hjälpa honom.
tycker	–	att SATS	Jag tycker att du ska gå nu.
vill	–	INF	Han ville stanna.
	–	att SATS	Sultanen ville att kungen skulle återvända.
vägra	ngn	ngt	Sultanen vägrade honom hjälp.
	–	att INF	Kungen vägrade (att) ge sig.
övertala	ngn	att INF	Han övertalade dem att ge upp.
	ngn	att SATS	Han övertalade dem att de skulle ge upp.

12.4 Användning av *tycka, tänka, tro*

Tycka använder vi när vi vill uttrycka:

åsikt: Jag tycker att han är gullig.
Åsa tyckte hans hår doftade så gott.

Tycka 'om använder vi för att utrycka:

gillande: Eva tycker 'om jordgubbar.

Tänka använder vi för:

fundering: Per tänker alltid på sin flickvän.

planering: Maj tänker åka till Halmstad.

Tro använder vi när vi vill uttrycka:

osäkerhet, tvivel: Jag tror inte han vill komma på festen.
Jag trodde du var sjuk.

'Tro på uttrycker däremot:

tillit, säkerhet: Anna 'tror på allt som prästen säger.
Jag 'tror på vindkraften som energikälla.

12.5 Användning av *veta, kunna, känna*

Veta använder vi när vi vill uttrycka att vi:

känner till, har vetskap om något: Kalle vet att Astrid är hemma.
Sara vet svaret på provet.

Kunna uttrycker:

kunskap i något, förmåga: Bertil kan dansa bra.
Rakel kan inte vissla.
Anna kan läxan.

möjlighet: Leif kan komma på festen.
Vi kan inte träffa dig på fredag.

Känna uttrycker:

förnimmelse, känsla: Tora känner hur varmt det är.
Hur känns det?
Jag känner mig bra.

bekantskap: Jag känner din bror.

Känna 'till uttrycker

vetskap: Evy känner 'till allt om Sveriges politik.
Känner du 'till Malmö?

12.6 Användning av *vara* och *bli*

Vara använder vi för att uttrycka något statiskt:

tillstånd: Biljetterna var slut redan klockan fem.
Anna är läkare.

egenskaper: Olof är mycket stilig.
Emma är söt och fräsch.

Bli använder vi för att uttrycka:

förändring: Ebbe blev gladare förra året.

händelse: Vår bil blev stulen när vi var i England.

reaktion: Maria blev väldigt glad när jag sade att hon klarat provet.

resultat: Följden av valet blev att regeringen föll.

12.7 Jämförelse: likhet och olikhet

Jämförelse kan vi uttrycka på olika sätt. Det kan göras på olika sätt. Om vi vill uttrycka **likhet** mellan två led så binder vi ihop leden med *som*.

Johan är lika stark *som Kristian*.
Min bil är likadan *som* Annas.

När vi anger **exakt likhet** kan det också uttryckas så här:

> Johan och Kristian är *lika starka*.
> Min och Annas bil är *likadana*.

Andra sätt att uttrycka likhet är med adjektivet *lik* och verbet *likna*:

> Petra är *lik* sin mormor.
> De *liknar* varandra.

För att uttrycka **olikhet** mellan led kan vi använda *än* för att knyta samman. I första ledet använder vi normalt *annan* eller avledning därav:

> Joy talar ett *annat* språk *än* Kerstin.
> Ditt utseende är *annorlunda än* mitt.

Vi använder ofta komparativformen av adjektiv vid jämförelse.

> Jag är stark*are än* du.
> Jag är mycket stark*are än* du.
> Du är stark, men jag är *ännu* stark*are*.

Vid jämförelse i frågor gör vi på följande sätt:

om vi frågar efter n-ord:
> Vilke**n** är störst av en älg och en ren?
> Vilke**n** stad är störst av Shanghai och Mexico City?

om vi frågar efter t-ord:
> Vilke**t** (land) är störst av Sverige eller Norge?
> Vilke**t** är dyrast av kaffe och te?

om vi frågar efter pluralord:
> Vilk**a** är intelligentast, pojkar eller flickor?

I svenskan använder vi alltså superlativformen när vi frågar om två alternativ. Många språk använder i denna funktion komparativformer.

12.8 Att besvara ja/nej-frågor (eko-svar)

När vi besvarar en ja/nej-fråga (eko-svar) kan vi förutom att bara svara *ja* eller *nej*, upprepa frågesatsens verb om det är hjälpverb.

Har du tid? Ja, det *har* jag.
Är du trött? Ja, det *är* jag.
Vill du komma? Ja, det *vill* jag.
Måste du sjunga? Ja, det *måste* jag.

Innehåller frågan andra verb än hjälpverb använder vi ofta verbet *göra* i svaret. (Jämför engelskans *do*.)

Sover du? Nej, det *gör* jag inte.
Bor han i Lund? Ja, det *gör* han.
Kom hon? Nej, det *gjorde* hon inte.

Om frågan innehåller *inte* och besvaras jakande, så måste vi använda *jo* i stället för *ja*.

Ligger *inte* Stockholm i Sverige? Jo, det gör det.
Är inte han ganska ful? Jo, det kan man gott säga.

12.9 Sambandsord

Sambandsord har tidigare diskuterats när vi beskrev bisatsinledare (se s 16) och konjunktioner (se s 71f). Dessa ord bidrar till att talet och skriften blir sammanhängande. Därmed bidrar de också till att vi bättre förstår den som talar eller skriver. Sambandsorden signalerar olika typer av relationer mellan ord, fraser, satser och textstycken. Här följer exempel på meningar med olika sambandssignaler. De visar hur sambandsord från olika ordklasser påverkar ordföljden i en efterföljande sats.

tillägg: *och, också, även, dessutom*

Han är listig *och* (sam konj) oärlig.
Han är listig. *Dessutom* (adv) är han oärlig.

motsats: *men, å andra sidan, emellertid, däremot*

Hon var trött *men* (sam konj) ville ändå inte sluta.

alternativ: *eller, en annan möjlighet, alternativt*

Vi kan gå på bio. *Alternativt* (adv) kan vi leta upp en nattklubb.

orsak: *orsaken är att, nämligen, det beror på att, således*

Göte var sjuk, *således* (adv) missade han konserten.
Göte missade konserten. Han var *nämligen* (adv) sjuk.

följden: *därför, följden är att, det leder till att, så att*

Rut bäddade sängen *så att* (und konj) hon kunde lägga sig.

medgivande: *trots att, fastän, visserligen*

Visserligen (adv) mådde han inte bra, men han kom ändå.
Han kom *trots att* (und konj) han inte mådde bra.

villkor: *om, i så fall, detta förutsätter*

Om (und konj) du arbetar hårt kan du komma långt.
Du kan komma långt men *detta förutsätter att* (subjekt, finit verb, konj) du arbetar hårt.

ordning: *först, sedan, därefter*

Först (adv) åt katten, *därefter* (adv) åt hunden.

omskrivning: *med andra ord, i stället, snarare*

Han var arg *snarare* (adv) än ledsen.

specifikation: *närmare bestämt, det består av, det vill säga, nämligen*

Han har ett antal bilar, *närmare bestämt* (adv) tre stycken.
Det gick tre män på gatan, *nämligen* (adv) Bengt, Ola och Alf.

illustration: *det framgår av att, det belyses av*

Sedeln är förfalskad. *Detta framgår av* (subjekt, finit verb, prep) att den saknar vattenstämpel.

summering: *alltså, sammanfattningsvis, slutsatsen blir*

Sammanfattningsvis (adv) kan sägas att företaget är konkursmässigt.
Företaget är *alltså* (adv) konkursmässigt.

tid: *samtidigt som, medan, under tiden, innan, då, sedan, när*

Vi gick hem *samtidigt som* (adv) de andra.
Glöm inte att tvätta händerna *innan* (und konj) vi äter.

13 Vardagsfraser

Om du inte förstår

Jag förstår inte vad du säger.
  Kan du förklara en gång till?
Kan du förklara vad ... betyder?
Vad betyder ... ?
Kan du upprepa vad du sa?
Var snäll och skriv ... !
Var snäll och stava till ... !

Om du inte hör

Var snäll och tala högre/långsammare/tydligare!
Tala inte så fort, är du snäll!
Jag hör inte vad du säger.
Jag förstår inte vad du säger, kan du säga det igen?
Kan du förklara vad du menar med ... ?

Om du är osäker på om andra förstår dig

Förstår du/ni vad jag säger?
Förstår du/ni vad jag menar?
Uttalar jag ordet ... riktigt?

Hälsningsfraser

Hej/Hejsan!
God morgon!
God middag!
God dag!
God kväll!
God natt!
Adjö!
Hej då!
Ha det så bra!
Vi ses!
Vi hörs!

Presentera dig

Jag heter ...
Mitt namn är ...

Ge en komplimang

Du talar så bra svenska!
Så bra svenska du pratar!
Vad duktig du är!
Vilken fin tröja du har!
Vad fin du är i håret!
En sådan snygg jacka du har!

Svara på komplimang

Tack, vad roligt att du tycker det!

Tack så mycket!

Be någon upprepa något

Ursäkt! Kan du upprepa vad du sa?
Vad sa du?
Va?
Jag förstod inte.
Sa du att ... ?

Visa att du är överraskad

Å!
Säger du det?
Är det sant?
Det menar du inte!

Be någon hälsa till någon annan

Hälsa ... från mig!
Hälsa ... från oss.
Hälsa hem!

Gratulera någon

Gratulerar!
Gratulerar på födelsedagen!
Grattis!
Grattis på födelsedagen!

Värdera positivt

Det betyder så mycket ...
Resan gick fint.
Det går fint/bra.
Det fungerar fint/bra.

Vi sätter stort värde på att ...
Jag tycker om mitt arbete.
Hon tycker om att gå i skolan.

Säga vad du föredrar

Jag föredrar att arbeta i affär.
Jag tycker bäst om att ...
Jag vill helst bli ...
Jag vill helst arbeta som ...

Säga vad du tycker om

Jag tycker om att spela fotboll.
Jag trivs bra här.
Det är jättekul!
Jag tycker om att ...
Jag älskar att ...
Det här är toppen!

Säga att du inte tycker om något

Jag tycker inte om fotboll.
Det är så tråkigt.
Jag tycker inte om att ...
Jag hatar att ...
Det värsta jag vet är motion!

Föreslå något

Vill du komma och ... ?
Vill du vara med?
Ska vi ... ?
Vi kan ...
Kan vi inte ... ?
Har du inte lust att .... ?

Skulle du kunna tänka dig att
 ... ?
Skulle du inte kunna tänka dig att ... ?
Jag föreslår att ...

Svara positivt på förslag

Ja, tack!
Ja, tack, det vill jag gärna!
Ja, det gör vi!
OK!
Det var en bra idé!
Det var ingen dum idé!

Svara negativt på förslag

Nej.
Nej, det vill jag inte!
Nej, det är så tråkigt!
Jag är så trött.
Jag orkar inte!
Nej, jag vill inte.
Nej, jag kan inte.
Jag har inte lust.
Det kunde vi gjort,
 men ...
Tyvärr är jag upptagen.
Jag måste tyvärr avstå.

Övertala någon

Kan du inte vara med?
Gör det, är du snäll!
Kom, är du snäll!
Jag önskar att ...
Kan du inte ...

Uttrycka önskemål

Jag vill gärna cykla.
Jag har lust att cykla.
Kan vi inte ta cykeln?

Be någon att beskriva något

Hur ser den ut?
Kan du beskriva den?
Hur stor är den?
Hur gammal är den?
Är den ny?
Vilken färg har den?
Vilken form har den?
Vilket material är den gjord av?
Vad är den gjord av?

Beskriva en sak

Bordet är avlångt med korta ben och utdragsskiva.
Det är en gammal sliten cykel, men den är mycket bra.

Be om hjälp i affär

Ursäkta, är du/ni ledig?
Kan du/ni hjälpa mig?

Säga vad du vill köpa

Jag letar efter ...
Jag vill gärna se på ...
Kan jag prova ...
Jag hade tänkt mig något billigt.
Jag vill bara titta.

Be om information

Kan du/ni säga mig var ... ?
Var hittar jag ... ?
Var har ni ... ?
Vilken storlek är detta?
Har ni storlek ... ?

Fråga för att vara säker

Den är lite stor, inte sant?
Den krymper kanske?
Sitter den snyggt?
Tycker du att denna passar mig?

Säga vad du tycker

Den här storleken blir bra.
Den sitter bra.
Jag tycker om kvaliteten.
400 kr är inte så mycket för en sådan fin jacka.
Jag föredrar ...
Jag tycker inte om ...
Du kommer att bli nöjd.

Säga vad du vill köpa

Den tar jag!
Jag tar den rutiga/enfärgade.
Jag köper den här!

Avsluta samtal

Tack för hjälpen!
Tusen tack!
Ni betalar därborta!
Välkommen tillbaka/igen!

Be någon om att beskriva en person

Hur ser ... ut?
Kan du beskriva ... för mig?
Är ... lång/kort/tjock/smal?
Hur lång är ... ?

Beskriva en person

Hon är snygg/inte så snygg/mörk/ljus/rödhårig.
Han ser sur ut/ser dum ut.
Hon är snäll/elak/glad/arg.

Jämföra personer

Den yngste heter ...
Den äldste är ljus.
För att vara nybörjare är han...
Han liknar inte ...
Hon är lik ...
Hon är inte det minsta lik...

Beklaga någon

Det är synd om honom.
Det är synd att ...
Hon är tyvärr sjuk.

Visa att du inte är säker

Jag tror att hon är 40 år.
Hon är väl ungefär 40 år.
Sådär 40, skulle jag tro.
Om jag inte tar fel, så ...
Jag är inte säker, men jag tror ...

Det vet jag inte säkert.
Det är jag inte säker på.

Säga att du tycker om någon

Jag gillar dig.
Jag är kär i honom.
Jag är förälskad i henne.
Jag älskar dig.
Jag är galen i dig.
Jag kan inte leva utan dig.
Du är underbar!

Lova något

Jag lovar att sluta röka.
Jag ska göra det!
Det är helt säkert.
Jag lovar att göra det.
Det är bergsäkert/bergis.

Uttrycka överraskning

Å!
Oj då!
Är det verkligen sant?
Det är inte sant!
Är du tokig?
Du är inte klok!
Det menar du inte!

Fråga för att vara säker

Det säger du bara.
Det är bara något som du
 säger.
Menar du det?
Är det säkert?
Är du bergis?

Är det bergis?
Skämtar du?
Jag tror du skojar.

Varna någon

Var försiktig!
Gör det inte!
Jag varnar dig för att göra det.
Gör inte så, det är farligt!
Akta dig!

Säga att du har glömt något

Det har jag glömt.
Jag har tyvärr glömt det.
Jag kom inte ihåg att ...
Jag kan inte komma ihåg
 att/om ...
Jag kommer inte ihåg vad vi
 hade i läxa.

Säga hur du har fått reda på något

Jag har hört att ...
Folk säger att ...
Det är tal om att ...
Det har varit tal om att ...
De sa i nyheterna att ...
Det har stått så mycket i
 tidningarna om detta.
Enligt tidningen, så är det så.
Anna säger att det ligger till
 så.

Avbryta någon som talar

Ett ögonblick, sa du att ...

Förlåt att jag avbryter, men ...
Förlåt, men vad är det du
säger?

Ursäkta dig

Ursäkta (mig)!
Ursäkta att jag stör!
Du får förlåta mig. Det var
inte min mening.
Förlåt mig!
Jag beklagar att ...
Jag är ledsen för att ...

Be om förklaring av ord

Vad betyder 'grej'?
'Grej', vad är det för något?
Vad heter 'grej' på tyska?
Kan du förklara vad 'grej'
betyder?

Uttrycka besvikelse

Jag blev besviken då de inte
kom till festen.
Så synd att ni inte arbetar
hårdare.
Sjutton, de kom inte idag
heller.

Uttrycka irritation

Är du tokig?
Jag som har så mycket att
göra!
Usch!
Sjutton också!

Jag blir så irriterad på att du
inte frågar först!

Be om råd

Vad tycker du?
Tycker du att ...?
Kan du ge mig ett råd?

Ge råd

Gör det!
Du kan göra så här ...
Det är bäst att du skriver en
lista.
Om jag var du, så skulle jag ...
Jag skulle ha gjort så här ...

Hota någon

Gör det, eller ...
Du kan väl göra det, annars ...
Om du inte gör det, så ...

Instruera någon

Slå på datorn!
Du sätter in disketten.
Disketten sätts in i datorn.

Komma med tillägg

Dessutom tycker jag om att ...
Förresten, kan du göra så här.
Sen kan man göra så här
också.

Skifta samtalsämne

Vet du vad jag hörde?
Förresten, ...
För att tala om något helt annat, ...
På tal om annat, ...

Säga vad du menar

Jag tycker ...
Som jag ser det finns det fördelar/nackdelar med ...
Jag sätter värde på ...

Säga att du inte kan eller vill ta ställning

Jag vet inte.
Jag har inte satt mig in i detta.
Jag känner inte till tillräckligt om detta för att kunna ta ställning.
Detta kan jag inte avgöra.
Jag kan inte ta ställning.
Jag kan inte uttala mig om det är rätt eller inte.

Uttrycka oro

Tänk om de råkat ut för något!
Detta gör mig orolig.
Jag bekymrar/oroar mig för ...
Vad jag känner mig orolig för ...

Bjuda någon

Varsågod!
Vill du ha en kopp kaffe?
Kaffe?
Ta du en kopp kaffe bara!
Här har du en kopp kaffe.

Tveka

Jag vet inte ...
Det är ansträngande.
Ska jag verkligen ...
Jag vet inte om jag vill.
Jag måste tänka efter först.
Det här är svårt att avgöra.

Övertala någon

Ett glas vin spelar väl ingen roll?
Du kan väl ta dig ett glas för sällskaps skull?
Ska inte du också ha ett glas vin?

Anklaga någon för något

Du sa ju att du hade slutat!
Det var Anna som frestade mig.
Det är hennes fel/skull.
Varför har du gjort så här?
Varför ska du alltid ...?

Uttrycka likgiltighet

Det är ditt problem!
Gör som du vill!

Det spelar mig ingen roll!
Jag bryr mig inte om vad du gör!
Vad angår det mig?
Det struntar jag i.
Än sen, då?

Förbjuda något

Här är rökning förbjuden!
Det är förbjudet att röka här.
Du får inte röka här inne.
Du får inte göra så där.

Uttrycka goda önskningar

Lycka till!
Hoppas att det går bra!
Jag hoppas att det ordnar sig!
Lycklig resa!
Ha det så bra!
God bättring!
Hoppas att du snart blir frisk!
Trevlig helg!
Trevlig semester!
Sov gott!
God natt!
God jul!
Gott nytt år!
Glad påsk!
Glad midsommar!

Säga tack (i Sverige tackar man för allt)

Tack så mycket!
Tack för hjälpen!
Tack för maten!
Tack för kaffet!
Tack för senast!
Tack för sist!
Tack för att vi fick komma!
Tack, tack!
Tack, detsamma!

Börja brev

till vänner:
Hej, Malin!
Hejsan Malin!
Kära Bodil! Käre Oskar!

till främmande:
Bästa Anna Andersson!
Bäste Oskar Andersson!
Herr Oskar Andersson!
Fru Anna Andersson!
Fröken Malin Andersson!

Avsluta ett brev

Hälsningar
Hjärtliga hälsningar
Många hälsningar från ...
Med bästa hälsning från ...
Kära hälsningar från ...
Kram från ...
Din (för evigt) ... (till en flick- eller pojkvän)
Med vänlig(a) hälsning(ar) (formellt)

På restaurang

Är det här bordet ledigt?
Finns det inget fönsterbord?
Kan jag få matsedeln?
Jag vill gärna beställa.
Vad är Biff à la Lindström?

Jag tar ...
Kan jag få vinlistan?
Den här fisken är inte genomstekt.
Soppan är alldeles kall.
Kan jag få betala?/Kan jag få notan?
Det är jämnt så.

På buss

Vilken buss ska jag ta för att komma till ...?
Var ska jag gå av för att komma till ...?
Måste jag byta?
Finns det någon hållplats vid ...?
Vad kostar det?

På järnvägsstation

Varifrån/Från vilket spår går tåget till ...?
Finns det direktvagn?
Finns det någon restaurangvagn?

På tåg

När är vi framme i ...?
Kommer vi fram i rätt tid?
Är vi försenade? Hur mycket då?
Måste jag köpa sittplatsbiljett?

Telefondialoger

Fråga efter någon

– Hej, det här är Anna Andersson!
– Hej!
– Hur mår du?
– Bara bra, tack!
– Och (hur mår) du själv?
– (Jag mår) bara bra, tack!
– Kan jag få tala med Sara?/Har du Sara inne?
– Nej, hon är inte hemma.
– Ska jag be att hon ringer?
– Ja, (hälsa från Anna och) be att hon ringer före klockan 18.
– Det ska jag göra.
– Jättebra, hej så länge!
– Hej då!

Be att få hälsa på

– Kan jag få komma och hälsa på er?
– Javisst, så roligt!
– Passar det dig om jag kommer hem till er i morgon?
– Javisst, det skulle vara väldigt trevligt!
– Går det bra om jag kommer vid sjutiden?
– Det passar fint. Välkommen då!

Be någon hälsa på

– Vi skulle vilja träffa er.
  Kan ni inte komma hit?
– Jo, det vore trevligt!
– Skulle ni ha lust att komma
  över en stund idag?
– Ja tack, gärna! Passar det
  om vi kommer om en
  timme?
– Javisst, det blir bra.
– Då säger vi det.
– Välkomna!
– Tack ska du ha!
– Vi ses!
– Ja, det ska bli kul!

Be någon följa med

– Har du lust att följa med på
  bio?
– Ja, det vill jag gärna.
– Var ska vi träffas?
– Vi ses utanför biografen.
– När ska vi träffas?
– Tio minuter innan före-
  ställningen börjar.
– Passar det dig?
– Ja, det passar fint.

Litteratur

Ballardini, Kerstin, 1986: *Mål: Form och funktion. A Ordföljd*. Natur och Kultur, Stockholm.

Ballardini, Kerstin, 1987: *Mål: Form och funktion. B Verb*. Natur och Kultur, Stockholm.

Bodegård, Anders, 1985: *Tänk efter*. Skriptor Förlag, Stockholm.

Hellström, Gunnar, 1991: *Grammatikövningar med regler och kommentarer. För SFI, senare delen*. Almqvist & Wiksell, Stockholm.

Henriksson, Karin, 1981: *Telefonsvenska*, Esselte Studium, Stockholm.

Holm, Britta & Nylund, Elizabeth, 1976: *Deskriptiv grammatik*, Skriptor AB, Stockholm.

Jörgensen, Nils & Svensson, Jan, 1986: *Nusvensk grammatik*, Liber, Malmö.

Ljung, Magnus & Ohlander, Sölve, 1982: *Allmän grammatik*, Gleerups, Lund.

Manne, Gerd, 1987: *Bo i Norge*. Fag og Kultur, Oslo.

Nyborg, Roger & Pettersson, Nils-Owe, 1991: *Svenska utifrån. Lärobok i svenska*, Svenska institutet, Stockholm.

Wellander, Erik, 1973: *Riktig svenska*, Esselte Studium, Stockholm.

Viberg, Åke & Ballardini, Kerstin & Stjärnlöf, Sune, 1986: *Svensk grammatik på svenska*, Natur och Kultur, Stockholm.

Wijk-Andersson, Elsie, 1979: *En svensk minigrammatik*, Studieförlaget Uppsala.

Wijk-Andersson, Elsie, 1981: *Ny grammatik*, Studieförlaget, Uppsala.

SVERIGEBOKHANDELN

är en specialbokhandel för publikationer om Sverige på främmande språk. Bokhandeln finns en trappa upp i Sverigehuset vid Kungsträdgården i Stockholm och drivs av Svenska institutet.

I sortimentet ingår böcker och broschyrer på många språk – alltifrån aktuellt informationsmaterial om olika aspekter av svenskt samhälls- och kulturliv till illustrerade Sverigepresentationer. Bokhandeln har också ett brett urval av svensk skönlitteratur och barnböcker, svensk musik på CD och kassetter, diaserie och videor om Sverige m m. De läromedel i svenska som främmande språk som ges ut av Svenska institutet finns också till försäljning i bokhandeln.

SVENSKA UTIFRÅN

beställs enklast och billigast direkt från

Svenska institutet
Box 7434
S-103 91 STOCKHOLM

Telefax +46 (0)8 207248